HEIRATEN!

KARIN VON FLÜE

HEIRATEN!
WAS PAARE WISSEN MÜSSEN

DIE AUTORIN

Karin von Flüe ist Rechtsanwältin und berät im Beobachter-Beratungszentrum mit dem Schwerpunkt Familien- und Erbrecht. Sie ist auch Autorin der Beobachter-Ratgeber «Paare ohne Trauschein» und «Letzte Dinge regeln» sowie Co-Autorin von «Im Todesfall» und «ZGB für den Alltag».

Dank
Die Autorin dankt ihren Kolleginnen und Kollegen vom Beobachter-Beratungszentrum für die wertvollen Anregungen. Ein besonderer Dank geht an die Lektorin Käthi Zeugin für ihre geschätzte Unterstützung.

Download
Die Checklisten und Vorlagen in diesem Dossier finden Sie auch unter www.beobachter.ch/download (Code 3780). Sie können sie herunterladen und an Ihre Situation anpassen.

Stand der Gesetze: 30. Juni 2021

Beobachter-Edition
© 2021 Ringier Axel Springer Schweiz AG, Zürich
Alle Rechte vorbehalten
www.beobachter.ch

Herausgeber: Der Schweizerische Beobachter, Zürich
Lektorat: Käthi Zeugin, Zürich
Reihenkonzept: fraufederer.ch
Satz: Bruno Bolliger, Gudo
Umschlaggestaltung: fraufederer.ch
Herstellung: Bruno Bächtold
Druck: Gräfisches Centrum Cuno GmbH & Co. KG, Calbe

ISBN 978-3-03875-378-0

Mit dem Beobachter online in Kontakt:
 www.facebook.com/beobachtermagazin
 www.twitter.com/BeobachterRat

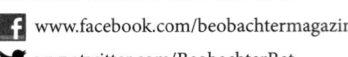

Zufrieden mit den Beobachter-Ratgebern?
Bewerten Sie unsere Ratgeber-Bücher im Shop:
www.beobachter.ch/shop

INHALT

Vorwort 11

Spielerisch in die Ehe – das Quiz 12

1 Heiraten 17

Warum heiraten? 18
Ehe gestern und heute 18
Zehn Kriterien für Ihren Entscheid 20
Braucht es einen Ehevertrag? 23
Zweitehe: Patchwork für Finanzen, Vorsorge und Kinder 23

Die Zivilheirat vorbereiten 25
Wann ist man verlobt? 25
Bräuche rund um die Verlobung 26
Wer darf heiraten, wer nicht? 27
Das Vorbereitungsverfahren 29
Die Heirat melden 30
Den Familiennamen bestimmen 31
Das Bürgerrecht 32
Wohnsitz, eheliche Wohnung, Familienwohnung 33
Den Versicherungsschutz überprüfen 34

Einen Ausländer, eine Ausländerin heiraten 37
Im Inland heiraten 37
Im Ausland heiraten 41
Was passiert bei einer Scheinehe? 43
Aufenthaltsrecht für ausländische Ehepartner
   aus der EU und der EFTA 45
Aufenthaltsrecht für ausländische Ehepartner
   von ausserhalb der EU und der EFTA 46
Ausländische Stiefkinder in die Schweiz holen 48
Die Niederlassungsbewilligung C 49
Erleichterte Einbürgerung 50
Integration und Heimatanschluss 51

Der schönste Tag 53
Die Ziviltrauung 53
Die kirchliche Trauung 54
Unvergessliches Hochzeitsfest 55
Hochzeitsbräuche und ihre Bedeutung 59

Die Ehe leben 63

Mann und Frau sind gleichberechtigt 64
Das Leitprogramm der Ehe 64
Wer macht was im Haushalt? 68
Wir leisten uns eine Putzfrau 69
Ehekrisen bewältigen 71
Häusliche Gewalt 73

Rechtsgeschäfte von Eheleuten 75
Verträge mit dem Ehemann, der Ehefrau 76
Die eheliche Gemeinschaft vertreten 76
Keine Angst vor Schulden des Partners 78
Vollmacht für die Ehepartnerin 79

Füreinander vorsorgen 82
Das gesetzliche Vertretungsrecht von Eheleuten 82
Der Vorsorgeauftrag 83
Die erbrechtliche Vorsorge 83
Was die Sozialversicherungen beisteuern 87
Versicherungen für den Todesfall 89

Die Finanzen 90
Gemeinsame Bankkonten? 90
Gegenseitig Auskunft geben 91
Der Unterhalt für die Familie 91
Was tun bei Streit ums Geld? 94
Das Haushaltsbudget 95
Wenn das Geld knapp wird 97
Betreibungsregeln für Eheleute 100

Das eheliche Vermögen 103

Was versteht man unter Güterrecht? 104
Drei eheliche Güterstände 105
Möglichkeiten im Ehevertrag 107
Von Vorteil: ein Inventar 110

Die Errungenschaftsbeteiligung 112
Mein, dein, unser Vermögen 112
Errungenschaft und Eigengut 114
Die gesetzlichen Vorgaben abändern 115
Beteiligungsrechte – Ersatzforderungen 117
Die güterrechtliche Auseinandersetzung 119
Alle Regeln an einem Beispiel 123

Die Gütergemeinschaft 126
Was ist das Besondere bei der Gütergemeinschaft? 127
Wann ist die Gütergemeinschaft sinnvoll? 128
Die güterrechtliche Auseinandersetzung 129

Die Gütertrennung 131
Wann ist die Gütertrennung sinnvoll? 131
Die güterrechtliche Auseinandersetzung 132
Gütertrennung als ausserordentlicher Güterstand 133

Die eheliche Liegenschaft 134
Alleineigentum oder gemeinsames Eigentum? 134
Regeln zur Familienwohnung 137
Zusätzliche Absicherung für die hinterbliebene Seite 138

Die Kinder 141

Eltern werden 142
Die Paarbeziehung pflegen 142
Die Rollen verteilen 143
Schwangere und Mütter am Arbeitsplatz 145
Name und Bürgerrecht des Kindes 146
Die Versicherungen fürs Kind 147
Ist es meins? 148
Künstliche Befruchtung und Adoption 149

Eltern sein **152**
Die elterliche Sorge 152
Kinder erziehen 153
Die Kinderbetreuung organisieren 153
Wann dürfen Kinder Verträge abschliessen? 156
Das Kindesvermögen 156
Wann haften Eltern wirklich für ihre Kinder? 157
Was gilt, wenn die Eltern sterben? 158
Wenn die Behörde sich einmischt 158

Finanzen fürs Kind **160**
Was kostet ein Kind? 160
Familienzulagen und finanzielle Erleichterungen 161
Das Familienbudget anpassen 162
Das Taschengeld der Kinder 164
Eltern dürfen ein Kostgeld verlangen 165

Patchworkfamilien **166**
Rechte und Pflichten der Stiefeltern 166
Erziehung hoch 3? 167
Finanzielle Fragen 168
Die Beziehung zum leiblichen Elternteil 169
Das Stiefkind zu sich nehmen 170
Die Stiefkindadoption 171
Gleicher Name für alle? 171

Anhang 175

Vorlagen und Mustertexte 176
Nützliche Adressen 187
Auflösung Ehequiz 191
Beobachter-Ratgeber 192

Die Ehe von A bis Z

A wie Antrag, F wie Familienwohnung, S wie Stiefeltern – im Ehe-ABC finden Sie kurze Streiflichter auf den Ehealltag, verteilt über das ganze Dossier.

VORWORT

Sie wollen heiraten? Obwohl heute fast jede zweite Ehe wieder geschieden wird? Dem sei entgegnet: Immer noch bleibt die Mehrheit verheiratet! Wie glücklich und beständig Ihre Ehe wird, haben Sie beide selber in der Hand.

Die Schweiz kennt keine Rechtsform zwischen dem Konkubinat und der Ehe. In Frankreich dagegen können Paare mit dem Pacte civil de solidarité (PACS) rechtliche Bindungen eingehen, die weitergehen als das Konkubinat, aber weniger weit als die Ehe. Was die Franzosen schon lange dürfen, ist laut Bundesrat auch für die Schweiz zu prüfen. In der zweiten Jahreshälfte 2021 soll das Bundesamt für Justiz einen entsprechenden Bericht für eine Ehe light erstellt haben.

Noch heisst es in der Schweiz: ganz oder gar nicht! Und vorläufig ist die Ehe auch nur heterosexuellen Paaren möglich. Zwar hat das Parlament im Dezember 2020 entschieden, dass die Ehe für alle Paare gelten soll, egal ob Mann und Frau, Frau und Frau oder Mann und Mann. Weil aber das Referendum gegen die «Ehe für alle» zustande gekommen ist, muss das Volk über die Gesetzesänderung abstimmen. Diese Abstimmung ist auf September 2021 terminiert. Bei einem Ja wird die Ehe für gleichgeschlechtliche Paare frühestens ab 1. Januar 2022 möglich sein.

Das aktuelle Eherecht gibt einen Rahmen vor. Es lässt allerdings viel Spielraum, wie Sie Ihre Ehe leben. Dieses Beobachter-Dossier will Ihnen helfen, Ihr eigenes Eheprogramm erfolgreich zu gestalten – innerhalb des Rahmens, den das Gesetz vorgibt.

Das Dossier ermuntert Sie, bei aller Gemeinsamkeit Ihre Eigenständigkeit zu behalten – besonders auch, wenn es um finanzielle Fragen geht. Es zeigt Ihnen, wie Sie sich gegenseitig absichern und füreinander vorsorgen können, und enthält viele praktische Hinweise für den Familienalltag (ob mit oder ohne Kinder, ob mit gemeinsamen oder nicht gemeinsamen Kindern). Und nicht zuletzt sollen Tipps und Anregungen rund um den Hochzeitstag zu einem gelungenen Start ins Abenteuer Ehe beitragen.

Ob Sie nun frisch verlobt sind oder schon länger als Ehepaar durchs Leben gehen, ich wünsche Ihnen alles Glück und alle Herrlichkeit auf Erden.

Karin von Flüe
August 2021

SPIELERISCH IN DIE EHE – DAS QUIZ

Ein kleines Quiz zum Start? Testen Sie Ihr Wissen zur Ehe! Die Auflösung finden Sie im Anhang (Seite 191).

1 **Mein Bräutigam hat Schulden. Wie lässt sich verhindern, dass ich nach der Heirat dafür aufkommen muss?**

a) Sie müssen vor der Ehe einen Vertrag auf Gütertrennung abschliessen.
b) Sie müssen gar nichts unternehmen. Eheleute haften nie für die vorehelichen Schulden des Partners.
c) Leider können Sie nichts vorkehren. Nach der Heirat haften Eheleute als Wirtschaftsgemeinschaft solidarisch für alle Schulden.

2 **Meine Frau behauptet, sie müsse mir nicht sagen, was sie verdient. Stimmt das?**

a) Nein. Sie muss Ihnen jederzeit Auskunft geben. Das gilt punkto Einkommen, Vermögen und Schulden.
b) Das stimmt, solange Sie zusammenleben. Sollte es zu einer Trennung oder gar Scheidung kommen, muss sie umfassend Auskunft erteilen.
c) Ihre Frau darf die Auskunft nur verweigern, wenn Sie beide in einem Ehevertrag die Gütertrennung vereinbart haben.

3 **Wir wohnen im Haus meines Mannes. Stimmt es, dass ich ausziehen müsste, wenn es mal zur Trennung käme?**

a) Ja, sicher. Wenn Ihr Mann allein im Grundbuch als Eigentümer eingetragen ist, bestimmt er auch allein, wer in seinem Haus wohnt.
b) Im Streitfall bestimmt das Gericht, wer während der Trennung in der Familienwohnung bleiben darf. Die Eigentumsverhältnisse spielen keine Rolle.
c) Bei einer kurzen Ehe, die noch nicht länger als fünf Jahre dauert, sind Sie leider überhaupt nicht geschützt. Danach müsste Ihr Mann wenigstens die Mietkosten für eine Ersatzwohnung übernehmen.

4 **Meine Freundin plant, ihren Partner in den Ferien in Las Vegas zu heiraten. Würde eine solche Blitzheirat in der Schweiz anerkannt?**

a) Das ist nur Show. Die beiden erhalten zwar ein hübsches Ehezertifikat, aber rechtlich verbindlich ist die Ehe nicht.
b) In Las Vegas kann man gültig eine solche Blitzheirat vollziehen. Die Schweiz anerkennt diese Zeremonie aber nicht. Ihre Freundin und ihr Partner würden daher in den USA als verheiratet und in der Schweiz als ledig gelten.
c) Wenn die beiden in einer vom US-Bundesstaat Nevada anerkannten Hochzeitskapelle heiraten, wovon es in Las Vegas einige gibt, würden die beiden auch nach Schweizer Recht als verheiratet gelten.

5 **Unser gesamtes Vermögen haben wir während der Ehe aus unseren Löhnen gespart. Meine Freundin behauptet, wir könnten in einem Ehevertrag regeln, dass diese Ersparnisse beim Tod eines Ehepartners ganz dem überlebenden anderen zukommen. Könnte unsere Tochter wirklich keinen Pflichtteil fordern?**

a) Den Pflichtteil der Tochter können Sie mit einem Ehevertrag legal umgehen. Das klappt aber nur gegenüber gemeinsamen Kindern und nur für Vermögen, das wie in Ihrem Fall zur Errungenschaft gehört.
b) Nachkommen haben immer einen Pflichtteil zugut. Müssen sie mit dem überlebenden Ehepartner teilen, sind das im Minimum drei Achtel des ehelichen Vermögens.
c) Wenn die Tochter nach dem Tod eines Elternteils den Ehevertrag innert eines Jahres anficht, kann sie ihren Pflichtteil fordern. Verpasst sie diese Frist, gilt der Ehevertrag.

6 **Meine künftige Frau und ich wollen verhindern, dass unser Pensionskassenkapital bei einer Scheidung hälftig geteilt wird. Was ist zu tun?**

a) Sie müssen mit Ihrer Braut zum Notar gehen und dort in einem Ehevertrag Gütertrennung vereinbaren.
b) Wenn Ihre Ehe kinderlos bleibt, können Sie in einem handschriftlichen Vertrag die Teilung der Pensionskassenguthaben ausschliessen.
c) Sie können eine vorsorgliche Scheidungskonvention ausarbeiten und darin die Teilung der Pensionskassenguthaben ausschliessen. Ob eine solche vorsorgliche Regelung gültig wäre, ist unter Juristen umstritten.

7 **Wir wollen auch nach der Heirat beide unsere bisherigen Namen behalten. Das ist doch kein Problem, oder?**

a) Doch. Das Zivilgesetzbuch verlangt, dass sich die Eheleute auf einen Familiennamen einigen. Im Normalfall ist dies der Name des Mannes. Die Frau darf immerhin ihren bisherigen Namen voranstellen. Oder die Eheleute machen es umgekehrt.
b) Seit 2013 sind die Eheleute gleichberechtigt: Sie können deshalb entweder beide ihren bisherigen Namen behalten oder einen gemeinsamen Familiennamen wählen.
c) Das Brautpaar kann vor der Heirat bei der Regierung des Wohnsitzkantons ein Gesuch stellen, dass beide nach der Heirat ihren bisherigen Namen weiterführen dürfen. Dafür müssen aber achtenswerte Gründe vorliegen.

8 **Meine Tochter hat keinen Ehevertrag. Müsste sie einen Erbvorbezug bei einer allfälligen Scheidung mit dem Ehemann teilen?**

a) Ja, ausser die beiden vereinbaren in einem Ehevertrag Gütertrennung.
b) Der Erbvorbezug gilt güterrechtlich als Eigengut. Ihre Tochter müsste ihn deshalb bei einer Scheidung nicht mit dem Ehemann teilen.
c) Ihr Schwiegersohn kann Ihnen gegenüber auf die Teilung verzichten. Das muss aber schriftlich sein, und Ihre Tochter muss auch unterschreiben.

9 **Seit die Kinder älter sind, arbeite ich wieder in Teilzeit. Wie viel muss ich von meinem Lohn in die Haushaltskasse einzahlen?**

a) Sie und Ihr Mann müssen die Haushaltskosten proportional zum Einkommen tragen. Verdient Ihr Mann 6000 und Sie 2000 Franken, muss er drei Viertel und Sie einen Viertel der Haushaltskosten übernehmen.
b) Solange Sie neben dem Teilzeitjob den Haushalt führen und die Kinder betreuen, dürfen Sie Ihren ganzen Lohn für Ihre eigenen Bedürfnisse verwenden.
c) Es gibt keine gesetzlichen Vorgaben. Das Zivilgesetzbuch überlässt es den Eheleuten, eine gerechte Lösung zu finden. Unterstützung erhalten Sie bei der Budgetberatung Schweiz oder im Streitfall durch das Gericht.

10 **Nach zwei Jahren Ehe möchte ich meine 17-jährige Stieftochter adoptieren. Alle Beteiligten wären damit einverstanden. Mein Schwager sagt, das geht nicht, weil ich schon eine leibliche Tochter habe. Das kann doch nicht sein!**

a) Wenn Ihre eigene Tochter mit der Adoption einverstanden ist, muss die Behörde der Adoption sofort zustimmen.

b) Im Moment ist die Adoption noch nicht möglich. Sie müssen nämlich mit der Mutter Ihres Stiefkinds drei Jahre verheiratet sein. Danach ist Ihre Stieftochter volljährig. Volljährige kann man nicht mehr adoptieren.

c) Ihr Schwager hatte früher recht. Die Adoption von Erwachsenen war nur Kinderlosen erlaubt. Sie können Ihre Stieftochter adoptieren, sobald Sie mit ihrer Mutter drei Jahre verheiratet sind.

HEIRATEN

Heiraten ist nicht das Happy End, sondern immer erst der Anfang – sagte Filmregisseur Federico Fellini. Und nun trauen auch Sie sich? In diesem Kapitel finden Sie die wichtigsten Unterschiede zur «Ehe ohne Trauschein», Hinweise dazu, was Sie vor der Hochzeit rechtlich und organisatorisch vorkehren müssen, sowie Tipps für Ihr unvergessliches Hochzeitsfest.

WARUM HEIRATEN?

Pro Jahr geben sich rund 40 000 Paare in der Schweiz das Jawort, und jährlich lassen rund 700 gleichgeschlechtliche Paare ihre Partnerschaft eintragen. Im Durchschnitt heiraten Frauen mit rund 30, Männer mit 32 Jahren. Die beliebtesten Heiratsmonate sind Mai bis September.

Längst darf man auch ohne Trauschein zusammenwohnen. Dennoch gibt es viele gute Gründe, sich für die Heirat zu entscheiden: weil man sich vor Gott und der Welt zueinander bekennen will, weil ein Kind unterwegs ist, weil man gemeinsam Wohneigentum erwerben will, weil die Altersvorsorge dann viel einfacher ist, weil beide nach einigen Jahren des Zusammenlebens sicher sind, den Partner, die Partnerin für immer gefunden zu haben. Oder weil es einfach schöner ist, den Liebsten den Bekannten als «mein Mann» vorzustellen statt als «mein Lebenspartner» und von «meine Frau» zu sprechen statt von «meine Freundin».

Ehe gestern und heute

Früher ging es beim Heiraten nicht so sehr um Liebe und Romantik. Die Ehe war eher Zweck- als Liebesgemeinschaft. Sie war die wichtigste Schutzinstitution für Mann, Frau und Kinder. Erst im 17. Jahrhundert wandelte sich die Vorstellung von der Ehe zur heutigen von der romantischen Liebesehe.

Im Mittelalter gab es nur die kirchliche Ehe. Sie galt als unauflösbares Sakrament. Die Reformatoren hielten jedoch nichts vom sakramentalen Status der Ehe. Ihnen genügte der Ehewille für eine gültige Eheschliessung. Eine kirchliche Trauung war damals in den reformierten Orten nicht unbedingt nötig. Gemischtreligiöse Ehen waren in der Schweiz bis 1850 verboten. 1874 wurden schliesslich das Recht auf Eheschliessung und die Zivilehe eingeführt.

Die Arbeits- und Rollenverteilung unter den Eheleuten war bis ins letzte Viertel des 20. Jahrhunderts streng festgelegt: Der Mann sicherte die Existenz, die Frau kümmerte sich um Kinder und Haushalt. Der Ehemann galt als das Oberhaupt der Familie; die Frau brauchte seine Erlaubnis, wenn sie ausser Haus arbeiten wollte. Erst in den 70er-Jahren des letzten Jahrhunderts setzte sich langsam eine partnerschaftliche Vorstellung der Ehe durch. 1984 wurde das Eherecht entsprechend revidiert; es ist seit 1988 in Kraft. Seither gab es kleinere Anpassungen, zum Beispiel die Vereinfachung des Ehevorbereitungsverfahrens und neue Wahlmöglichkeiten beim Namen.

Seit dem 1. Januar 2007 dürfen gleichgeschlechtliche Paare ihre Partnerschaft gestützt auf das Partnerschaftsgesetz (PartG) eintragen lassen. Damit erhielten schwule und lesbische Paare in fast allen Lebensbereichen die gleiche Rechtsstellung wie Eheleute.

Nach dem Willen des Gesetzgebers ist dieses Konstrukt bald nicht mehr nötig. Neu gilt die Ehe für alle, egal ob Mann und Frau, Frau und Frau oder Mann und Mann. Alle Paare dürfen heiraten und es gilt für sie ein einheitliches Eherecht. So hat es das Parlament im Dezember 2020 entschieden. Gegen die «Ehe für alle» wurde jedoch das Referendum ergriffen und so wird im September 2021 über die Gesetzesänderung abgestimmt. Somit können die neuen Bestimmungen frühestens am 1. Januar 2022 in Kraft treten.

Wird das Gesetz vom Volk angenommen, wird es künftig keine neuen eingetragenen Partnerschaften mehr geben. Paare, die ihre Partnerschaft eingetragen haben, können auf dem Zivilstandsamt erklären, dass sie zur Ehe wechseln. Aber niemand muss – eingetragene Paare dürfen ihre eingetragene Partnerschaft auch einfach weiterführen. Jedoch sind diverse politische Vorstösse hängig, die eine gegenseitige Absicherung fordern, ähnlich wie beispielsweise bei einem PACS in Frankreich. Das Ziel: Alle Lebensgemeinschaften sollen rechtlich und finanziell gut abgesichert sein.

GUT ZU WISSEN Wo die Bestimmungen für eingetragene Paare von der Ehe abweichen, finden Sie in diesem Ratgeber jeweils einen speziellen Hinweis. Wenn nichts steht, gilt für beide «amtlichen» Partnerschaften das Gleiche.

A wie Antrag:
Wer muss den Heiratsantrag machen – der Mann oder die Frau?

Das Gesetz sagt dazu natürlich nichts. Aber machen Sie doch mal eine kleine Umfrage im Bekanntenkreis, am besten nach Geschlechtern getrennt. Wetten, dass es dann so abläuft: Die Männer sagen wie aus der Pistole geschossen: «Der Mann!» Die Frauen murmeln etwas von modernen Zeiten und Gleichberechtigung. Dann heisst es, es sei heutzutage egal, wer zuerst fragt. Und schliesslich nicken alle, sobald eine zu sagen wagt: «Aber eigentlich ist das schon Sache des Mannes.» Alles klar?

Zehn Kriterien für Ihren Entscheid

Rund 95 Prozent der Paare heiraten heute aus Liebe – so das Resultat der Umfrage eines Hochzeitsmagazin. Was aber sind sachliche gute Gründe für eine Heirat? Was spricht allenfalls eher für eine «wilde Ehe»? Die wichtigsten Unterschiede im Überblick:

1. Name
Seit dem 1. Januar 2013 gilt das neue Namensrecht. Das Ehepaar kann wählen, ob beide ihren bisherigen Namen behalten oder ob vor der Heirat ein gemeinsamer Familienname bestimmt werden soll. Die Eheleute können sich dabei zwischen dem Lednignamen der Frau und dem Lednignamen des Mannes entscheiden. Gemeinsame Kinder tragen den Familiennamen oder, wenn Mutter und Vater nicht gleich heissen, einen ihrer Lednignamen.

Im Konkubinat behalten Mann und Frau je ihren Familiennamen. Gemeinsame Kinder erhalten entweder den Namen der Mutter oder den des Vaters.

 Vorteil Ehe

2. Kinder
Das Gesetz unterscheidet schon lange nicht mehr zwischen ehelichen und ausserehelichen Kindern, wenn es um ihre Rechte gegenüber den Eltern geht. Das gilt auch beim Bürgerrecht: Ist ein Elternteil Schweizer, erhalten die Kinder das Schweizer Bürgerrecht – unabhängig davon, ob die Eltern verheiratet sind. Bei unehelichen Kindern eines Schweizer Vaters wird verlangt, dass sie von ihm anerkannt wurden oder dass ein Gericht die Vaterschaft festgestellt hat.

Verheiratete Eltern erhalten die gemeinsame elterliche Sorge für ihre Kinder automatisch, Konkubinatseltern nicht. Sie müssen das gemeinsame Sorgerecht ausdrücklich auf dem Zivilstandsamt oder bei der Kindes- und Erwachsenenschutzbehörde (Kesb) erklären. Tun sie das nicht, steht die elterliche Sorge der Mutter allein zu.

 Vorteil Ehe

3. Binationale und ausländische Paare
Heiratet ein Paar, gelten punkto Aufenthalts- und Niederlassungsrecht sowie für eine spätere Einbürgerung einfachere Regeln (mehr dazu ab Seite 37). Für Konkubinatspaare dagegen ist es sehr schwierig, eine Aufenthaltsbewilligung für den ausländischen Partner zu erhalten, wenn dieser aus einem Land ausserhalb des EU- und EFTA-Raums stammt.

 Vorteil Ehe

4. Steuern

Eheleute werden gemeinsam besteuert. Die Einkommen von Frau und Mann werden addiert, und dies kann wegen der progressiven Steuertarife zu einer höheren Besteuerung führen als für ein Konkubinatspaar mit gleichem Haushaltseinkommen. Doppelverdiener mit hohem Einkommen fahren deshalb dank der getrennten Besteuerung im Konkubinat in der Regel besser.

Bei der Erbschafts- und Schenkungssteuer ist die Situation umgekehrt: Verheiratete müssen diese Steuer nicht mehr abliefern. Nur der Kanton Solothurn verlangt eine generelle Nachlasssteuer. Konkubinatspartner dagegen sind nur in den Kantonen Graubünden, Nid- und Obwalden, Schwyz, Uri sowie Zug ganz von Erbschafts- und Schenkungssteuern befreit (Stand 2021). Einige Kantone gewähren immerhin Freibeträge oder tiefere Steuersätze.

5. Scheidungsalimente

Heiratet eine geschiedene Frau, ein geschiedener Mann wieder, erlischt der Anspruch auf Alimente aus der früheren Ehe. Lebt er oder sie im Konkubinat, kommt es auf die Umstände an. In vielen Scheidungsurteilen findet sich heute eine Konkubinatsklausel, in der festgehalten ist, wann und wie das Zusammenleben mit einem neuen Partner zu einer Kürzung, einer Sistierung oder einem definitiven Ende der Alimentenzahlungen führt. Ohne Konkubinatsklausel werden die Zahlungen eingestellt, wenn der Ex-Gatte dem Gericht glaubhaft macht, dass ein stabiles Konkubinat vorliegt.

ACHTUNG Die Kinderalimente bleiben weiterhin geschuldet – sowohl bei einer neuen Heirat wie auch bei einem Konkubinat.

6. Erbrecht

Die hinterbliebene Ehefrau, der hinterbliebene Ehemann gehört immer zum Kreis der gesetzlichen Erben. Die erbrechtliche Stellung gegenüber den gemeinsamen Kindern oder den Eltern lässt sich mit einem Ehevertrag, einem Testament oder einem Erbvertrag noch erheblich stärken.

Für Konkubinatspaare gibt es kein gesetzliches Erbrecht. Lebenspartner können einander zwar mit einem Testament oder einem Erbvertrag begünstigen. Sind Nachkommen oder Eltern da, müssen aber deren Pflichtteile respektiert werden. Das schränkt die erbrechtliche Begünstigung stark ein. Allerdings hat das Parlament entschieden, die Pflichtteile der Eltern abzuschaffen. Die neue Regelung gilt ab dem 1. Januar 2023.

7. Witwen- und Witwerrenten

Verheiratete erhalten, wenn sie gewisse Voraussetzungen erfüllen, sowohl von der AHV wie auch aus der Pensionskasse und der Unfallversicherung Witwen- bzw. Witwerrenten.

Lebenspartnerinnen und Konkubinatspartner erhalten keine Hinterlassenenleistungen von der AHV oder der Unfallversicherung. Die Pensionskassen dürfen freiwillig Leistungen vorsehen, wenn das Paar mindestens fünf Jahre zusammengelebt hat, wenn die hinterbliebene Seite für ein gemeinsames Kind sorgen muss oder wenn der oder die Verstorbene zu Lebzeiten mindestens für die Hälfte des Lebensunterhalts der Partnerin, des Partners aufgekommen ist.

Finanziell negativ wirkt sich eine Heirat dagegen aus, wenn die Partnerin, der Partner bereits eine Witwen- oder Witwerrente von der AHV, Pensionskasse oder Unfallversicherung erhält. Mit der neuen Ehe erlischt dieser Anspruch; bei einem Konkubinat bleibt er bestehen.

 **Unentschieden**

8. Altersrenten

Haben Mann und Frau das gesetzliche Rentenalter von 65 bzw. 64 Jahren erreicht, erhalten Verheiratete im selben Haushalt wegen der sogenannten Plafonierung zusammen höchstens 3585 Franken. Unverheiratete Paare hingegen erhalten zwei ungekürzte Renten ausgezahlt – zusammen maximal 4780 Franken (Stand 2021).

 **Vorteil Konkubinat**

9. Ergänzungsleistungen

Ist der Partner und/oder die Partnerin auf Ergänzungsleistungen zur AHV- oder IV-Rente angewiesen, werden bei der Berechnung für Unverheiratete höhere Beträge für den Lebensbedarf berücksichtigt. Seit dem 1. Januar 2021 wird allerdings das Einkommen des Konkubinatspartners zu 80 Prozent in die Berechnung miteinbezogen. Das dürfte zu geringeren Unterschieden führen als bis anhin.

 **Unentschieden** **Vorteil Konkubinat** (je nach Situation)

10. Trennung und Scheidung

Lässt sich ein Ehepaar scheiden, hat die wirtschaftlich schwächere Seite grundsätzlich Anspruch auf Alimente. Das in der AHV und in der Pensionskasse während der Ehe gesparte Guthaben wird hälftig geteilt. Auch das während der Ehe erwirtschaftete Vermögen wird halbiert, sofern die Eheleute in einem Ehevertrag nicht etwas anderes vereinbart haben.

Für Konkubinatspaare gilt dies alles nicht. Die wirtschaftlich schwächere Seite zieht den Kürzeren. Freiwillig lassen sich immerhin im Konkubinatsvertrag ein Trennungsunterhalt und/oder eine Abfindung vereinbaren.

 Vorteil Konkubinat für wirtschaftlich stärkere Partei

 Vorteil Ehe für wirtschaftlich schwächere Partei

Braucht es einen Ehevertrag?

Die meisten Ratsuchenden am Beratungstelefon des Beobachters, die sich wegen eines Ehevertrags erkundigen, wollen damit die Haftung für voreheliche Schulden des Partners ausschliessen. Das ist gar nicht nötig, weil die Heirat keine Übernahme der Schuldenhaftung bewirkt.

Andere Paare möchten im Voraus vertraglich regeln, dass bei einer allfälligen Trennung oder Scheidung keine Alimente gezahlt werden müssen oder dass im Scheidungsfall das Pensionskassenguthaben nicht hälftig geteilt wird. Laut Bundesgericht ist eine solche vorsorgliche Scheidungsvereinbarung neuerdings möglich. Auch für Eheleute gelte schliesslich die Vertragsfreiheit. Ob eine solche Abmachung bei einer Trennung oder Scheidung gültig bleibt, ist unter Juristen aber umstritten. Im Streitfall entscheidet das Gericht (Urteil des Bundesgerichts 5a_778/2018 vom 23. August 2019).

TIPP Mehr zum Ehevertrag, zu den Punkten, die Sie darin regeln können, und zur Frage, wann er sinnvoll ist, lesen Sie im Kapitel «Das eheliche Vermögen» (Seite 103).

Zweitehe: Patchwork für Finanzen, Vorsorge und Kinder

Beziehungen mit oder ohne Trauschein können scheitern. Kein Grund, der Ehe ein für alle Mal Adieu zu sagen. Klar wird es etwas komplizierter, wenn eine Seite oder beide Brautleute schon Kinder haben. Neudeutsch spricht man dann von Patchworkfamilien, mehr dazu lesen Sie ab Seite 166.

Müssen Sie Alimente für die Ex-Frau, den Ex-Mann und die Kinder zahlen, ist das Budget oft strapaziert. Nochmals zu heiraten und Kinder zu kriegen, ist trotzdem kein unerschwinglicher Luxus. Sie müssen aber damit rechnen, dass das Familienbudget für lange Zeit eng bleibt. Solange sich kein Nachwuchs ankündigt, wird Ihnen in der Regel nicht erlaubt, die Alimente an die Erstfamilie zu reduzieren. Der Einwand, Sie müssten nun für Ihre neue Ehefrau sorgen, wird grundsätzlich nicht akzeptiert.

Kündigt sich aber Nachwuchs an und reichen die finanziellen Mittel nicht aus, um den Unterhalt der Zweitfamilie zu gewährleisten, wird das Gericht einer Reduktion der Alimente zustimmen. In welchem Umfang liegt dabei ganz im Ermessen des Gerichts. Es berücksichtigt immer die konkreten Umstände des Einzelfalls. Deshalb lassen sich keine allgemeingültigen Aussagen zur Berechnung machen. Auch wenn es nicht alle Betroffenen so empfinden: Die Gerichte versuchen jeweils, eine für alle Beteiligten tragbare Lösung zu finden.

Gemeinsame Lösung
Versuchen Sie, eine gütliche Einigung mit Ihrem Ex-Mann, Ihrer Ex-Frau zu finden, bevor Sie einen Prozess anstrengen. Gewähren Sie sich gegenseitig vollständige Einsicht in Ihre finanziellen Verhältnisse – bei einem allfälligen Gerichtsprozess kommen Sie ohnehin nicht darum herum. Gelingt es, einen Kompromiss zu finden, können Sie die neuen Ehegattenalimente in einem von Ihnen beiden unterzeichneten Schriftstück verbindlich festlegen. Sind auch Kinderalimente von einer Reduktion betroffen, brauchen Sie zusätzlich die Genehmigung des Gerichts oder der Kesb.

B wie Bürgerrecht:
Was ändert sich mit der Heirat?

Mann und Frau behalten je ihr Bürgerrecht. Für den ausländischen Bräutigam, die ausländische Braut ändert die Heirat mit einem Schweizer oder einer Schweizerin nichts. Frühestens nach drei Jahren Ehe und fünf Jahren Wohnsitz in der Schweiz ist eine erleichterte Einbürgerung möglich.

DIE ZIVILHEIRAT VORBEREITEN

Bevor Sie sich das Jawort geben können, gibt es ein paar Formalitäten zu beachten und Entscheidungen zu treffen. Wollen Sie sich formell verloben? Wo werden Sie wohnen, welchen Namen werden Sie tragen? Und ist allenfalls ein Ehevertrag sinnvoll? Was ist zu tun, wenn Sie eine Ausländerin, einen Ausländer heiraten möchten oder Ihre Heirat im Ausland planen?

Als Erstes durchlaufen zukünftige Eheleute das Vorbereitungsverfahren beim Zivilstandsamt. Dabei wird abgeklärt, ob das Paar überhaupt heiraten darf oder ob Ehehindernisse im Weg stehen.

Wann ist man verlobt?

Sie kennen gewiss die rührende Szene in den Hollywoodschnulzen: Er sinkt vor ihr auf die Knie, schaut ihr tief in die Augen und sagt die magischen Worte: «Willst du mich heiraten?» Die Angebetete haucht ein Ja und lässt sich den Diamantring an den Finger stecken.

Passiert Ihnen das wirklich, gelten Sie rechtlich als verlobt. Laut Artikel 90 des Zivilgesetzbuchs (ZGB) braucht es nämlich nur das gegenseitige Versprechen, einander zu heiraten. Eine besondere Form wird nicht verlangt. Es spielt also keine Rolle, wo und wie Sie Ihr Eheversprechen abgeben. Das kann beim Weihnachtsessen im Familienkreis, bei einer Party unter Freunden oder zu zweit an einem lauschigen Plätzchen passieren. Allerspätestens dann, wenn ein Paar beim Zivilstandsamt das Gesuch für die Ehevorbereitung stellt, gilt es als verlobt. Noch nicht als verlobt gelten Sie, wenn Sie mit Ihrem Schatz zusammenziehen.

GESETZESTEXT
Art. 90 ZGB

Wenn die Hochzeit platzt

Verlobte haben keinen rechtlichen Anspruch auf die versprochene Heirat. Wenn beide nicht mehr heiraten wollen oder wenn eine Seite vom Eheversprechen zurücktritt, ist das Verlöbnis aufgelöst. Das geht auch ohne Worte durch eindeutiges Verhalten, etwa indem Frau à la Hollywood den Verlobungsring auf seinem Nachttisch zurücklässt.

Verlobungsgeschenke muss man im Übrigen nur auf Verlangen zurückgeben. Wer das Geschenk verloren hat, schuldet nichts mehr. Wer das Geschenk hingegen verkauft hat, muss den Verkaufserlös herausgeben.

Tina K. hat ihren Verlobungsring beim Rumtoben am Strand verloren. Sie muss nichts zurückerstatten. Samuel L. dagegen hat die goldenen Manschettenknöpfe, die ihm seine Verlobte geschenkt hat, beim Altwarenhändler verkauft. Er muss ihr den Verkaufserlös abgeben.

Hat ein Verlobter wegen der geplanten Hochzeit in guten Treuen Auslagen getätigt, kann er von seiner Ex-Braut einen angemessenen Beitrag verlangen. Nur in krassen Ausnahmefällen besteht kein solcher Anspruch. Was angemessen ist, hängt von den Umständen ab, vor allem auch von der finanziellen Leistungskraft.

GESETZESTEXT
Art. 91–93 ZGB

Serge B. sagt die Hochzeit mit Melanie G. ab, weil er sich Hals über Kopf in eine andere verliebt hat. Melanie G. darf ihm zumindest einen Teil der Annullationskosten für die abgesagte Hochzeitsreise in Rechnung stellen.

Verena T. ertappt ihren Verlobten mit ihrer besten Freundin im Bett. Er wird seine Auslagen für den teuren Hochzeitsanzug allein tragen müssen, wenn Verena T. die Verlobung löst.

Der Anspruch auf Rückgabe der Verlobungsgeschenke und auf Beteiligung an den unnützen Auslagen verjährt rasch – innert eines Jahres ab Auflösung des Verlöbnisses.

GUT ZU WISSEN Im Partnerschaftsgesetz gibt es keine Bestimmungen zur Verlobung. Platzt die geplante Eintragung der Partnerschaft, darf man also «Verlobungsgeschenke» behalten. Geht es um Schadenersatz für unnötige Auslagen, gelten die allgemeinen Bestimmungen des Obligationenrechts.

Bräuche rund um die Verlobung

Selbstverständlich dürfen Sie Ihre Verlobungszeit ohne jeden Schnickschnack geniessen. Vielen Paaren ist es aber wichtig, das Brauchtum zu leben. Nummer eins dieser Bräuche ist wohl der Verlobungsring: Traditionell schenkt der Bräutigam der Braut einen Ring, der mit einem Diamanten bestückt ist. Heute ist es aber auch üblich, dass sich das Paar gemeinsam Verlobungsringe für beide aussucht.

Ob und wie Sie Ihre Verlobung feiern, ist Ihrem Geschmack überlassen. Die einen feiern lieber zu zweit beim romantischen Candle-Light-Dinner oder in der Berghütte, die anderen ziehen ein Verlobungsfest mit Familie und Freunden vor. Hier ist alles möglich: das Picknick im Grünen, ein Empfang im Haus der Eltern, ein feines Essen im Restaurant oder eine Party mit DJ.

Oft möchten die Verlobten Verwandte, Freunde und Bekannte offiziell informieren. Dafür eignen sich traditionelle vorgedruckte Karten oder Eigenkreationen mit Fotos vom glücklichen Paar oder moderner: Posts auf Social Media.

Wer darf heiraten, wer nicht?

Wenn zwei erwachsene Menschen heiraten wollen, können sie das – zumindest in der Regel. Im Gesetz aufgeführt sind die Ausnahmen und Grenzfälle. Die Schweizer Bundesverfassung und die Europäische Menschenrechtskonvention (EMRK) garantieren das Recht, eine Ehe einzugehen.

§ **GESETZESTEXT** Art. 12 EMRK, Art. 14 BV

GUT ZU WISSEN Diese Garantie gilt in der Schweiz bisher nur für Heterosexuelle. Gleichgeschlechtliche Paare können immerhin seit dem 1. Januar 2007 ihre Partnerschaft eintragen lassen. Damit haben sie in fast allen Rechtsbereichen die gleiche Stellung wie Eheleute. Stimmt das Volk der Ehe für alle zu, gilt dieses Menschenrecht dann wirklich für alle.

Die Ehefähigkeit
Heiraten darf ein Paar, wenn beide Beteiligten ehefähig sind und keine gesetzlichen Ehehindernisse vorliegen. Ehefähig ist, wer mindestens 18 Jahre alt und urteilsfähig ist.

Was heisst urteilsfähig? Urteilsfähig ist, wer in Bezug auf einen bestimmten Vorgang vernünftig handeln kann. Bei volljährigen Personen geht man davon aus, dass sie auch urteilsfähig sind.

§ **GESETZESTEXT** Art. 16, Art. 94 ZGB

Ehehindernisse
Nicht heiraten dürfen Verwandte in gerader Linie, also Eltern und Kinder, Grosseltern und Enkel sowie Geschwister und Halbgeschwister. Das gilt für Bluts- wie auch für Adoptivverwandte. Der Zivilstandsbeamte kann dies anhand des zentralen Verzeichnisses der Adoptionen überprüfen. Stiefgeschwister, also Kinder ohne einen gemeinsamen Elternteil, dürfen dagegen heiraten.

DIE EHE ANNULLIEREN

Es kann – oops! – nicht nur Popstar Britney Spears passieren: Auch Normalsterbliche in der Schweiz können die Ehe in besonderen Fällen annullieren lassen. Das Gesetz erlaubt dies, wenn ein Ungültigkeitsgrund vorliegt.

Gegen eine **unbefristete Ungültigkeit** muss die zuständige Behörde von Amtes wegen klagen. Klagen kann zudem jedermann, der ein Interesse nachweist, und zwar auch noch nach Jahren. Eine unbefristete Ungültigkeit liegt vor bei:

- Mehrfachehe (Bigamie), wenn die frühere Ehe inzwischen nicht durch Scheidung oder Tod aufgelöst wurde
- Urteilsunfähigkeit eines Ehegatten, die bereits bei der Hochzeit bestand und nach wie vor andauert
- Heirat in gerader Verwandtschaftslinie oder unter Geschwistern
- Einseitiger Scheinehe, also wenn eine Seite nur wegen der Aufenthaltsbewilligung geheiratet hat (mehr dazu auf Seite 43)
- Zwang eines Ehegatten zur Heirat
- Minderjährigkeit eines Ehegatten

Gegen eine **befristete Ungültigkeit** können nur die Eheleute selber klagen, und zwar innert sechs Monaten, seit sie vom Ungültigkeitsgrund wissen. Fünf Jahre nach der Heirat lässt sich die Ehe nicht mehr annullieren. Gründe für eine befristete Ungültigkeit sind:

- Ein Ehegatte war bei der Trauung aus einem vorübergehenden Grund nicht urteilsfähig, stand zum Beispiel unter Medikamenten-, Drogen- oder starkem Alkoholeinfluss.
- Eine Seite ist die Ehe irrtümlich eingegangen oder hat die Trauung mit der betreffenden Person nicht gewollt. Dies dürfte in der Schweizer Praxis kaum vorkommen.
- Ein Ehegatte hat die Ehe geschlossen, weil er über wesentliche persönliche Eigenschaften des anderen absichtlich getäuscht worden ist. Der Ehemann findet zum Beispiel erst nach der Hochzeit heraus, dass seine Frau als Prostituierte arbeitet.

Nach Schweizer Recht dürfte die Tochter von Popsängerin Madonna weder ihren Halb- noch ihren Adoptivbruder heiraten. Und der Adoptivbruder dürfte auch seine leiblichen Geschwister nicht heiraten.

GESETZESTEXT
Art. 95–96 ZGB,
Art. 215 StGB

Wer noch verheiratet ist, darf keine neue Ehe eingehen. Wer es trotzdem tut – zum Beispiel heimlich im Ausland –, macht sich strafbar wegen Bigamie.

Sobald die Ehe aber rechtskräftig geschieden ist, darf man sofort wieder heiraten.

Das Vorbereitungsverfahren

Die Zeiten, als die Anmeldung einer Heirat noch öffentlich am Informationsbrett der Gemeinde verkündet wurde, sind schon lange vorbei. Heute stellen die Brautleute auf dem Zivilstandsamt am Wohnsitz von Braut oder Bräutigam nur noch ein Gesuch um Durchführung des Vorbereitungsverfahrens. Dazu müssen sie persönlich erscheinen. Die Zivilstandsbeamtin soll sich ein Bild über die Brautleute machen können. Im persönlichen Gespräch erkennt sie am ehesten, ob Zweifel an der Urteilsfähigkeit angebracht sind oder ob eine Scheinehe beabsichtigt ist.

Die Zivilstandsbeamtin kann das Gesuch der Brautleute ablehnen, wenn offensichtlich ist, dass es den beiden nur darum geht, der Braut oder dem Bräutigam durch die Heirat eine Aufenthaltsbewilligung zu verschaffen. Verlobte ohne Schweizer Bürgerrecht müssen zudem nachweisen, dass sie sich rechtmässig in der Schweiz aufhalten. Wer sich also illegal in der Schweiz aufhält, kann hier nicht heiraten (mehr zum Thema Scheinehe auf Seite 43).

Die Brautleute müssen der Zivilstandsbeamtin persönlich bestätigen, dass sie die Ehevoraussetzungen erfüllen. Für die Überprüfung der Identität brauchen Schweizerinnen und Schweizer folgende Dokumente (für ausländische Brautpaare siehe Seite 38):

- Personenstandsausweis, nicht älter als sechs Monate (erhältlich beim Zivilstandsamt der Heimatgemeinde)
- Niederlassungs- bzw. Wohnsitzbescheinigung (erhältlich bei der Einwohnerkontrolle der Wohngemeinde)
- Pass oder Identitätskarte

Ist ein persönliches Erscheinen nicht zumutbar, wird den Verlobten das schriftliche Vorbereitungsverfahren bewilligt. Das ist zum Beispiel der Fall, wenn Auslandschweizer in der Schweiz heiraten möchten oder wenn der Bräutigam das Krankenbett nicht verlassen kann.

Zeitlicher Ablauf

Stellt der Zivilstandsbeamte fest, dass alle Anforderungen erfüllt sind, teilt er den Brautleuten mit, dass sie ab sofort und innert der nächsten drei Monate heiraten können. Wer länger als drei Monate mit der Heirat zuwartet, muss das ganze Vorbereitungsverfahren wiederholen.

Den Trauungstermin können Sie mit dem Zivilstandsbeamten abmachen. Besondere Daten sind allerdings meist schon früh ausgebucht. Wollen Sie nicht auf dem Zivilstandsamt Ihres Wohnsitzes heiraten, stellt Ihnen das Amt eine **Trauungsermächtigung** aus. Damit können Sie auf jedem Zivilstandsamt in der Schweiz heiraten. Wünschen Sie auch eine religiöse Trauung, darf diese erst nach der zivilen stattfinden.

GUT ZU WISSEN Auf dem Zivilstandsamt finden nicht nur amtliche Handlungen im Zusammenhang mit der Heirat statt; dort erhalten Sie auch weitere Informationen und Beratung. Zum Beispiel zur Wahl des Familiennamens oder zur Beschaffung der richtigen Dokumente, wenn ein Verlobter Ausländer ist.

§ **GESETZESTEXT**
Art. 97–100 ZGB

Die Heirat melden

Das Zivilstandsamt am Trauungsort macht von sich aus folgenden Stellen Mitteilung:
- Der Einwohnerkontrolle Ihres schweizerischen Wohnorts
- Dem schweizerischen Geburtsort allfälliger gemeinsamer Kinder
- Dem Bundesamt für Migration, sofern Sie anerkannter Flüchtling, Asylbewerberin oder vorläufig Aufgenommener sind
- Dem Bundesamt für Statistik

Folgende Stellen müssen Sie selber informieren:
- Ihre Arbeitgeber
- Den Vermieter der Familienwohnung
- Die AHV-Ausgleichskasse, wenn Sie eine AHV- oder IV-Rente beziehen
- Ihre Versicherungen
- Die Schule, wenn Sie bereits Kinder haben
- Die Botschaft des Heimatlands der ausländischen Braut, des ausländischen Bräutigams

Wenn Sie den Namen gewechselt haben und insbesondere wenn Sie neue Ausweise brauchen wie Pass, ID, Fahr- und Fahrzeugausweis:
- Das Strassenverkehrsamt
- Das Passbüro
- Ihre Bank und die Post
- Die Kreditkartenaussteller
- Ihre Vereine
- Alle Stellen, bei denen Sie Abonnements und Kundenkarten besitzen

Der Familienausweis und der Eheschein
Der Familienausweis ersetzt seit 2004 das bekannte Familienbüchlein. Er dient im Verkehr mit den Behörden als Ausweis über den Bestand der Fami-

lie. Die Eheleute erhalten ihn sofort nach der Trauung vom Zivilstandsamt am Trauungsort, sofern ein Ehegatte in der Schweiz Wohnsitz hat oder das Schweizer Bürgerrecht besitzt.

Für die kirchliche Trauung braucht es in der Regel einen Eheschein. Ausländerinnen und Ausländer benötigen für die Eintragung der Heirat im Heimatland einen internationalen Eheschein. Beide Dokumente erhalten Sie vom Zivilstandsamt am Trauungsort.

GUT ZU WISSEN Eingetragene Paare erhalten einen Partnerschaftsausweis oder eine Partnerschaftsurkunde.

Den Familiennamen bestimmen

Schon vor dem Jawort müssen Sie sich im Klaren sein, ob Sie einen gemeinsamen Familiennamen tragen wollen oder ob Mann und Frau ihren bisherigen Namen behalten. Seit dem 1. Januar 2013 gilt auch beim Namen die volle Gleichstellung von Mann und Frau (siehe Kasten).

Beim gemeinsamen Familiennamen können die Brautleute nur zwischen dem Ledignamen des Mannes oder der Frau wählen. Trägt die Frau also zum Beispiel den Namen ihres Ex-Ehemanns, können die Brautleute diesen Namen nicht zum gemeinsamen Familiennamen machen. Nicht mehr möglich ist zudem der Doppelname ohne Bindestrich. Dieser Namensvariante trauern jedoch viele nach, deshalb wird im Parlament an einem neuen Gesetzesentwurf gearbeitet (Stand Sommer 2021). Behalten Mann und Frau ihre bisherigen Namen und trägt die Frau zum Beispiel von früher einen solchen Doppelnamen, kann sie ihn allerdings schon unter dem geltenden Recht behalten.

§ **GESETZESTEXT** Art. 160 ZGB

DREI MÖGLICHKEITEN DER NAMENSWAHL

Sarah Sieber, geborene Meier, und Urs Weber heiraten. Wie heissen sie?
1. Beide behalten ihren bisherigen Namen
    → Sarah Sieber und Urs Weber
2. Die Brautleute wählen den Ledignamen des Mannes zum gemeinsamen Familiennamen
    → Sarah Weber und Urs Weber
3. Die Brautleute wählen den Ledignamen der Frau zum Familiennamen
    → Sarah Meier und Urs Meier

GESETZESTEXT
Art. 270, 270a ZGB

Und die Kinder?
Die gemeinsamen Kinder eines Ehepaars tragen den Familiennamen. Haben die Eltern keinen gemeinsamen Familiennamen, müssen sie spätestens bis zur Geburt des ersten Kindes entscheiden, welchen ihrer Ledignamen die Kinder tragen sollen (mehr dazu siehe Seite 146).

Der Allianzname
Warum nennt sich unsere Skirennfahrerin Lara Gut-Behrami? Amtlich heisst die Sportlerin auch nach ihrer Heirat «nur» Frau Gut. Der Bindestrichname – Juristen sagen Allianzname – ist vom Gesetz gar nicht vorgesehen. Trotzdem verwenden ihn viele Ehepaare. Im nicht amtlichen Verkehr ist dies auch durchaus erlaubt. Herr Meyer und Frau Reichmann können nach ihrer Heirat also ihren Briefkasten mit «Meyer-Reichmann» beschriften. Möglich ist sogar, zusätzlich zum amtlichen Namen den Allianznamen im Pass oder in der ID eintragen zu lassen.

Der Künstlername
Nur im Verkehr mit Behörden muss man sich mit dem korrekten amtlichen Namen ansprechen oder anschreiben lassen. Im nicht amtlichen Leben, zum Beispiel unter Freunden, am Arbeitsplatz oder gegenüber der Hausbank, darf sich eine Frau Brennwald Suter auch einfach Frau Brennwald nennen. Es gilt hier gleiches Recht wie beim Künstlernamen: Der Anfang 2015 verstorbene Schlagersänger Udo Jürgens zum Beispiel hiess amtlich Udo Jürgen Bockelmann.

Das Bürgerrecht

Schweizerinnen und Schweizer behalten bei der Heirat ihr angestammtes Bürgerrecht.

Die gemeinsamen Kinder erhalten das Kantons- und Gemeindebürgerrecht des Elternteils, dessen Namen sie tragen. Heiraten die Eltern erst nach der Geburt und kommt es deshalb zu einem Namenswechsel auch für das Kind, erhält es ebenfalls das Bürgerrecht desjenigen Elternteils, dessen Namen es neu trägt. Ist nur ein Elternteil Schweizer, erhält das Kind immer den Schweizer Pass und damit das Bürgerrecht des Schweizer Elternteils.

GESETZESTEXT
Art. 1, 2 BüG, Art. 161, 271 ZGB

Maja Hug von Sachseln und Otto Neuenschwander von Langnau haben einen gemeinsamen Sohn, Nikolas. Er trägt den Namen seiner Mutter und ist demzufolge Bürger von Sachseln. Später heiraten die Eltern und wählen den Namen des Vaters als Familiennamen. Ihr Sohn heisst neu Nikolas Neuenschwander und wird Bürger von Langnau.

Wohnsitz, eheliche Wohnung, Familienwohnung

Das Gesetz schafft hier etwas Verwirrung: Einmal ist von der ehelichen Wohnung die Rede, dann wieder von der Familienwohnung. Die eheliche Wohnung ist der Ort, wo sich das Familienleben ganz oder teilweise abspielt. Die Familienwohnung ist der Ort, wo die Familie ihren Lebensmittelpunkt hat. Relevant für den gesetzlichen Schutz ist nur die Familienwohnung.

Schutz für die Familienwohnung

Im Normalfall wohnt ein Ehepaar nur in einer Wohnung. Dann gilt diese eheliche Wohnung immer auch als Familienwohnung und geniesst damit einen besonderen Schutz.

Wohnt das Ehepaar zur Miete, können die Eheleute die Wohnung nur gemeinsam kündigen – egal, ob nur einer oder beide den Mietvertrag unterschrieben haben. Auch der Vermieter muss seine Kündigung zwingend beiden Eheleuten zustellen.

Handelt es sich bei der Familienwohnung zum Beispiel um ein Eigenheim, das der Ehefrau allein gehört, darf diese die Liegenschaft nur mit Zustimmung ihres Mannes verkaufen, und auch für eine Erhöhung der Hypothek ist unter Umständen sein Einverständnis nötig. Auch wenn sie zum Beispiel einen Untermieter in die Familienwohnung aufnehmen oder jemand anderem ein Wohnrecht einräumen will, braucht sie dafür das Okay ihres Mannes.

§ **GESETZESTEXT**
Art. 162, 169 ZGB, Art. 266m, 266n OR

Andere Wohnungen des Ehepaars

Manche Ehepaare besitzen auch eine Ferienwohnung. Verbringen sie dort gemeinsam ihre Ferien oder die Wochenenden, gilt diese Wohnung zwar als eheliche, nicht aber als Familienwohnung. Ist zum Beispiel der Ehemann allein Mieter oder Eigentümer, braucht er für eine Kündigung bzw. einen Verkauf die Zustimmung seiner Frau nicht.

Es kommt auch vor, dass Eheleute unter der Woche aus beruflichen Gründen nicht in derselben Wohnung leben können. Die Familienwohnung ist dann diejenige Wohnung, in der das Ehepaar gemeinsam die Wochenenden verbringt.

Max W. wohnt und arbeitet unter der Woche in Zürich. Am Wochenende lebt er mit Ehefrau Sandrine und den Kindern in Genf. Die Ferien verbringt die Familie meist in der Ferienwohnung in Lenzerheide.
- Die Wohnung in Zürich ist weder eine eheliche Wohnung noch die Familienwohnung.
- Die Wohnung in Genf ist sowohl eine eheliche Wohnung wie auch die Familienwohnung.
- Die Ferienwohnung in Lenzerheide ist nur eine eheliche Wohnung.

Der Wohnsitz der Eheleute

«Der Wohnsitz einer Person befindet sich an dem Orte, wo sie sich mit der Absicht des dauernden Verbleibens aufhält. Niemand kann an mehreren Orten zugleich seinen Wohnsitz haben», sagt Artikel 23 ZGB. Entscheidend ist also nicht, wo man seine Papiere hinterlegt oder eine Wohnung gemietet hat. Wohnsitz hat man dort, wo sich der Lebensmittelpunkt befindet, wo man Zeit mit seinen engsten Bezugspersonen verbringt. Eheleute haben in der Regel am Ort der Familienwohnung ihren gemeinsamen Wohnsitz.

Und auch wenn es mondän tönt: Man hat nicht gleichzeitig Wohnsitz in Zürich und St. Moritz. Eine Person kann nur einen rechtlichen Wohnsitz haben. Möglich ist, dass die Ehefrau Wohnsitz in Zürich hat und der Ehemann in St. Moritz. Dies zum Beispiel, wenn das Paar sich trennt oder wenn jeder Ehegatte an seinem Wohnort arbeitet und das Paar abwechselnd die Wochenenden in der Wohnung des anderen verbringt.

§ **GESETZESTEXT**
Art. 23 ZGB

GUT ZU WISSEN Am Wohnsitz übt man das Stimm- und Wahlrecht aus, zahlt Steuern, kann betrieben oder beklagt werden und beansprucht Sozialhilfe.

Den Versicherungsschutz überprüfen

Die Schweizerinnen und Schweizer gehören zu den am besten versicherten Menschen überhaupt. Auf die eine oder andere Versicherung kann man durchaus verzichten, die Hausrat- und Haftpflichtpolice aber ist ein Muss.

Verfügen Sie und Ihr Partner, Ihre Partnerin bereits beide über eine Hausrat- und/oder Haftpflichtversicherung, prüfen Sie mit den Versicherern, wie Sie möglichst rasch die Policen anpassen können. Rechnen Sie auch kurz durch, bei welchem Anbieter Sie günstiger fahren.

Die Hausratversicherung

Diese Police versichert den Hausrat gegen Feuer, Explosion, Wasserschäden und Einbruchdiebstahl. Ihre Hochzeit ist die Gelegenheit, die Versicherungssumme richtig zu bestimmen. Vermeiden Sie eine Über- oder Unterversicherung. Ist die Summe zu hoch, zahlen Sie zu hohe Prämien und erhalten im Schadenfall trotzdem nicht mehr als den wirklichen Wert der zerstörten Gegenstände. Schlimmer noch bei einer Unterversicherung: Wenn der Hausrat zu niedrig versichert ist, wird die Versicherungsleistung im Schadenfall proportional gekürzt.

👁 **Daria und Sebastian G. haben Hausrat** im Wert von 300 000 Franken. Ihre Versicherungspolice lautet aber nur auf 150 000 Franken. Bei einem Einbruch wird der neue Laptop gestohlen, dazu die teure Fotoausrüstung. Wert insgesamt 4400 Franken. Die Versicherung übernimmt wegen Unterdeckung nur 2200 Franken.

TIPP Von Ihrem Versicherer erhalten Sie ein hilfreiches Formular, mit dem sich die richtige Versicherungssumme zuverlässig errechnen lässt.

Die Haftpflichtversicherung

In der Regel wird die Privathaftpflichtversicherung mit der Hausratversicherung zusammen in derselben Police abgeschlossen. Die Haftpflichtversicherung kommt für Schäden auf, die Sie einer Drittperson zufügen. Versichert sind sowohl Sach- wie auch Personenschäden.

Häufige Sachschäden sind die sogenannten Mieterschäden. Haben Sie zum Beispiel aus Unachtsamkeit das Lavabo in der Mietwohnung beschädigt, deckt Ihre Privathaftpflichtversicherung diesen Schaden. Wichtiger aber ist die Versicherung für den Fall, dass Sie einen anderen Menschen ernsthaft verletzen. Dann kann der Schaden in die Millionen gehen.

Raffaela O. reitet auf dem Feldweg an einer Familie vorbei. Weil sie das Pferd nicht im Griff hat, schlägt es aus und trifft den jungen Familienvater so unglücklich, dass dieser Zeit seines Lebens nicht mehr arbeiten können wird. Als selbständiger Werbetexter hat er keine Unfallversicherung, die den Erwerbsausfall übernehmen würde. Raffaela O. haftet für den Schaden, nur: Wie soll sie den Lebensunterhalt für eine ganze Familie bezahlen? Zum Glück für den Verunfallten – und auch für sie selber – hat sie eine Haftpflichtversicherung abgeschlossen, die den Schaden übernimmt.

Mit einem durchschnittlichen Einkommen kann man solche Schäden gar nicht selber bezahlen. Deshalb ist die Privathaftpflichtversicherung so wichtig – verschiedene Versicherungsexperten sagen, sogar wichtiger als die Krankenkasse. Das Risiko, auf einen Schlag mit hohen Kosten konfrontiert zu werden, ist bei einem Haftpflichtfall grösser als bei einer Krankheit.

TIPP Achten Sie auf eine ausreichende Deckung. Mit einer Schadensumme von fünf Millionen sind auch Fälle wie der im Beispiel beschriebene abgedeckt.

Versicherungen fürs Auto

Fährt Ihr Mann, Ihre Partnerin auch mit dem Auto, das Ihnen gehört? Dann müssen Sie das der Versicherung unbedingt melden und angeben, wer häufigster Lenker ist. Ansonsten verletzen Sie Ihre Anzeigepflicht und laufen Gefahr, dass in einem Schadenfall die Leistungen gekürzt werden.

Schummeln lohnt sich nicht. Wird beispielsweise die Ehefrau fälschlicherweise als häufigste Lenkerin angegeben, weil sie tiefere Prämien erhält, muss die Versicherung nicht zahlen, wenn der Ehemann einen Unfall verursacht.

Die Rechtsschutzversicherung
Bei dieser Versicherung geht es vor allem um die Deckung der Anwalts- und Gerichtskosten, wenn Sie in einen Rechtsstreit involviert sind. Achten Sie darauf, dass die Police für alle im Haushalt wohnenden Personen gilt.

Die Hochzeitsversicherung
Die Kosten wegen einer Absage oder Verschiebung der Hochzeit lassen sich durch eine Hochzeitsversicherung abdecken. Diese umfasst unter anderem die Risiken einer plötzlichen Krankheit, eines Unfalls oder Todesfalls in der Familie oder der Trauzeugen. Das Risiko, dass die Hochzeit platzt, weil der Bräutigam oder die Braut plötzlich kalte Füsse kriegt, ist allerdings (noch) nicht versicherbar.

C wie Cousin und Cousine: *Dürfen sie heiraten?*

Sie galten als Traumpaar des 19. Jahrhunderts: Elisabeth, Kaiserin von Österreich – besser bekannt als Sissi –, und Kaiser Franz Joseph. Obwohl Cousin und Cousine, durften die beiden heiraten. Auch in der Schweiz darf man das. Verboten ist die Ehe nur zwischen Verwandten in gerader Linie: Eltern dürfen nicht mit Kindern, Grosseltern nicht mit Enkeln, Geschwister nicht mit Halbgeschwistern. Das gilt übrigens auch für adoptierte Kinder. Nicht verboten ist dagegen die Heirat unter Stiefgeschwistern.

EINEN AUSLÄNDER, EINE AUSLÄNDERIN HEIRATEN

Beinahe jede zweite Ehe in der Schweiz ist binational. Den grössten Anteil – gut jede dritte Ehe – machen Ehen zwischen einem Schweizer, einer Schweizerin und einer Ausländerin, einem Ausländer aus. Die meisten ausländischen Eheleute stammen aus Deutschland, Frankreich, Italien und dem Kosovo.

Wer in der Schweiz Wohnsitz hat oder den Schweizer Pass besitzt, darf in der Schweiz heiraten. Ausländische Paare ohne Wohnsitz in der Schweiz brauchen eine Bewilligung. Wer im Ausland heiraten möchte, muss die Formalitäten des Heiratsstaats einhalten.

Im Inland heiraten

Hat sich ein binationales Paar für eine Trauung in der Schweiz entschieden, gilt für die Vorbereitung der Heirat und für die Eheschliessung Schweizer Recht – mit folgenden Ausnahmen:
- Der ausländische Ehepartner darf den Namen seinem Heimatrecht unterstellen.
- Die Eheleute können ihr Güterrecht jederzeit durch schriftliche Vereinbarung oder im Ehevertrag den Bestimmungen eines ihrer Heimatstaaten unterstellen. Das deutsch-niederländische Ehepaar mit Wohnsitz in der Schweiz kann also entweder deutsches oder niederländisches Güterrecht wählen. Ohne Rechtswahl gilt Schweizer Recht, wenn beide Eheleute hier Wohnsitz haben.

> **D wie Diamantene Hochzeit:** *Wie schafft man das?*
>
> Dafür sollten Sie jung heiraten! Die diamantene Hochzeit feiern Ehepaare am 60. Hochzeitstag.

Diese Dokumente brauchen Sie
In der Regel müssen Sie folgende Papiere vorlegen:
- Reisepass oder Nationalitätenzeugnis
- Geburts- oder Abstammungsurkunde
- Personenstandsausweis mit Angaben über den Zivilstand
- Wohnsitzbescheinigung oder Ausländerausweis für Ausländer, die bereits in der Schweiz wohnen

Sind die Urkunden nicht in einer schweizerischen Amtssprache verfasst (Deutsch, Französisch oder Italienisch), braucht es eine beglaubigte Übersetzung der wichtigsten Inhalte. Die Behörde kann zudem verlangen, dass die Echtheit der Urkunden von der Schweizer Botschaft im Heimatland überprüft wird.

§ | LINK
Übersetzungsbüros
https://new.astti.ch

TIPP Beglaubigte Übersetzungen erhalten Sie bei verschiedenen Übersetzungsbüros. Adressen finden Sie zum Beispiel beim Schweizerischen Übersetzer-, Terminologen- und Dolmetscher-Verband.

Seit dem 1. Januar 2011 müssen ausländische Verlobte nachweisen, dass sie sich rechtmässig in der Schweiz aufhalten. Als Nachweis gilt in erster Linie der Ausländerausweis, ein gültiges Visum im Pass oder eine von der Ausländerbehörde speziell für die geplante Heirat ausgestellte Bestätigung. Ausländer, die für die Einreise in die Schweiz kein Visum benötigen, können auch nur ihren Pass oder die ID vorlegen.

TIPP Das Beschaffen und Übersetzen der verlangten Dokumente kann aufwendig werden, vor allem, wenn die ausländische Partnerin nicht aus der EU stammt. Planen Sie deshalb genügend Zeit ein. Je nachdem lohnt es sich zu prüfen, ob die Eheschliessung im ausländischen Heimatland mit weniger Bürokratie verbunden wäre.

Können Sie ein erforderliches Dokument im Heimatstaat nicht beschaffen, kann die kantonale Aufsichtsbehörde über die Zivilstandsämter bewilligen, dass Sie den Nachweis durch eine Erklärung ersetzen. Der Zivilstandsbeamte ermahnt Sie dabei zur Wahrheit und weist auf die Straffolgen einer falschen Erklärung hin.

Halim O. ist anerkannter Flüchtling mit Aufenthaltsrecht in der Schweiz. Die für die Heirat in der Schweiz benötigte Geburtsurkunde und der Nachweis, dass er ledig ist, lässt sich in seinem Heimatland beim besten Willen nicht beschaffen. Er darf mit Bewilligung der kantonalen Aufsichtsbehörde eine mündliche Erklärung vor der Zivilstandsbeamtin abgeben.

Liegen alle erforderlichen Dokumente von Braut und Bräutigam vor, geben Sie diese zusammen mit dem Gesuch zur Vorbereitung der Heirat bei Ihrem Zivilstandsamt ab. Sie müssen beide zudem persönlich erklären, dass Sie alle Heiratsvoraussetzungen erfüllen und dass keine Ehehindernisse vorliegen. Das Zivilstandsamt teilt Ihnen dann schriftlich mit, ob die Trauung erfolgen kann.

Wenn die Ausländerbehörde mitredet
Keine Probleme gibt es in der Regel, wenn die ausländische Braut, der ausländische Bräutigam bereits eine Aufenthaltsbewilligung für die Schweiz hat. Dann müssen Sie sich vor der Heirat nicht auch noch bei der Ausländerbehörde melden.

| LINK
Kantonale Migrationsämter
www.sem.admin.ch
(→ Kontakt → Kantonale Behörden → Kantonale Migrations- und Arbeitsmarktbehörden)

Steven J. ist US-Bürger und arbeitet seit zwei Jahren für die Schweizer Niederlassung einer amerikanischen Bank. Seine Aufenthalts- und Arbeitsbewilligung hat ihm der Arbeitgeber besorgt.

Antonella C. kam als Zweijährige mit ihren Eltern aus Italien in die Schweiz. Sie besitzt schon lang die Niederlassungsbewilligung C.

Anders sieht es aus, wenn die ausländische Partnerin als Touristin in die Schweiz eingereist ist. Touristen dürfen nur maximal drei Monate bleiben. Je nachdem reicht diese Zeit für das Vorbereitungsverfahren zur Heirat nicht aus. Bis alle Papiere beschafft und übersetzt sind, können rasch mehrere Wochen vergehen.

Svetlana N. aus Russland besucht nach dem Abschluss ihres Studiums Verwandte in der Schweiz. Sie verliebt sich in den Schweizer Mario B., und die beiden wollen heiraten. Da Frau N.s Visum in zwei Wochen abläuft, ist die Zeit zu kurz, um die Trauungsermächtigung zu erhalten. Svetlana N. muss deshalb vor der Heirat ausreisen. Da sie ohne Probleme in ihr Heimatland zurückkehren kann und es dort eh noch einiges zu erledigen gibt, ist das nicht weiter schlimm.

Wer auf keinen Fall vor der Heirat ausreisen will, kann bei der Ausländerbehörde eine Verlängerung der Ausreisefrist beantragen. Auf eine solche Kurzaufenthaltsbewilligung zwecks Vorbereitung der Heirat besteht allerdings kein Anspruch.

GUT ZU WISSEN Die Ausländerbehörden in den Kantonen heissen in der Regel Migrationsämter.

Noch keine Aufenthaltsbewilligung?
Hat der ausländische Partner noch keine Aufenthaltsbewilligung, empfiehlt die Ausländerbehörde folgendes Vorgehen:
- Bei der Schweizer Botschaft in seinem Heimatland kann der ausländische Partner eine Aufenthaltsbewilligung zur Vorbereitung der Heirat in der Schweiz beantragen. Dafür muss das Ehevorbereitungsverfahren in der Schweiz bereits eingeleitet sein. Zuständig ist neben der Schweizer Botschaft im Heimatland die Ausländerbehörde am Wohnsitz der in der Schweiz lebenden Partnerin. Dort erfahren Sie auch, welche Formulare und Dokumente benötigt werden. Sind alle Bedingungen erfüllt, erteilt die Botschaft ein Einreisevisum für die Heirat in der Schweiz.
- Nach der Einreise muss sich der ausländische Bräutigam bei der Einwohnerkontrolle anmelden und erhält von der kantonalen Ausländerbehörde eine Kurzaufenthaltsbewilligung – im Kanton Aargau zum Beispiel für sechs Monate. Innert dieser Zeit muss die Heirat stattfinden. Gibt es Verzögerungen, beantragen Sie vor Ablauf der Aufenthaltsbewilligung eine Verlängerung. Wenn Sie dies verpassen oder wenn die Aufenthaltsbewilligung nicht verlängert wird, muss der ausländische Partner ausreisen.

Platzt die Hochzeit – sei es, dass die Brautleute merken, dass sie doch nicht zueinander passen, sei es, dass eine Seite plötzlich doch nicht heiraten will –, muss der ausländische Partner nach Ablauf der Aufenthaltsbewilligung wieder ausreisen.

Ohne Heirat keine Einreise
Stammt die ausländische Partnerin nicht aus der EU, braucht sie je nach Herkunftsland ein Visum für die Einreise. Und manchmal muss man damit rechnen, dass sie kein Touristenvisum erhält. Jedes Jahr werden rund 20 000 solche Gesuche abgelehnt. Manche binationale Paare haben deshalb keine Möglichkeit, den Alltag als Paar in der Schweiz zuerst einmal auszuprobieren. Für sie heisst es: ohne Heirat keine Einreise in die Schweiz.

Nicole V. hat sich in den Ferien in Marokko in den Tennislehrer Samir T. verliebt. Bei jeder Gelegenheit besucht sie ihn in seiner Heimat. Die beiden erwägen eine Heirat, möchten aber zuerst das Alltagsleben in der Schweiz ausprobieren. Frau V. lädt ihren Liebsten deshalb für ein paar Wochen als Gast zu sich in die Schweiz ein. Obwohl sie finanzielle Garantien abgibt, verweigern die Schweizer Behörden das Einreisevisum. Erst als das Paar in der Schweiz das Ehevorbereitungsverfahren einleitet und bei der Schweizer Botschaft in Marokko ein Gesuch für eine Einreise- und Aufenthaltsbewilligung zur Vorbereitung der Heirat stellt, erhält Samir T. die Einreiseerlaubnis.

Einen «Sans-Papiers» heiraten

Für illegal in der Schweiz lebende Menschen, sogenannte Sans-Papiers, ist es schlicht undenkbar, in ihr Heimatland zurückzukehren und von dort aus die Heirat in die Wege zu leiten. Viele befürchten Repressalien und haben auch keine Garantie, für die Heirat in die Schweiz zurückkehren zu können.

TIPP Möchten Sie einen Ausländer ohne gültige Aufenthaltsbewilligung in der Schweiz heiraten, lassen Sie sich unbedingt als Erstes von einer Beratungsstelle für Sans-Papiers beraten. Adressen finden Sie auf der Plattform für Sans-Papiers.

LINK
Adressen für Sans-Papiers
www.sans-papiers.ch

Die Zivilstandsämter müssen prüfen, ob sich ein ausländischer Verlobter rechtmässig in der Schweiz aufhält. Wenn nicht, müssen sie die Ausländerbehörde informieren. Und dann droht die Ausweisung. So sollen Scheinehen verhindert werden, bei denen es nur darum geht, einem illegal anwesenden Ausländer durch Heirat einen gültigen Aufenthalt zu verschaffen.

Das Bundesgericht hat entschieden, dass diese Vorschrift das Menschenrecht, eine Ehe einzugehen, nicht verletzt. Nach diesem Entscheid kann die Ausländerbehörde auch einem illegal anwesenden Menschen eine provisorische Aufenthaltsbewilligung für die Vorbereitung der Eheschliessung erteilen. Dies gilt aber nur dann, wenn keine Anzeichen für eine Scheinehe vorliegen und wenn nach der Heirat eine definitive Aufenthaltsbewilligung erteilt werden kann (Urteil 5A_814/2011 vom 17. Januar 2012).

ACHTUNG Die ausländische Braut, der ausländische Bräutigam muss sich selber um die Anerkennung und die Eintragung der Heirat im Heimatland kümmern. Erkundigen Sie sich am besten beim Konsulat oder bei der Botschaft, welche Formalitäten zu erledigen sind.

Im Ausland heiraten

Niemand muss zwingend in der Schweiz heiraten. Sie dürfen also den romantischen Palmenstrand in der Südsee oder die kitschige Heiratskapelle in Las Vegas dem Schweizer Trauzimmer vorziehen. Es gibt auch andere gute Gründe für eine Heirat im Ausland: zum Beispiel, dass die Familienangehörigen der ausländischen Braut kein Visum für die Schweiz erhalten oder dass die Reise für sie zu teuer wäre.

Ob Sie im Ausland heiraten können und welche Dokumente Sie mitbringen müssen, bestimmt sich nach dem Recht des Landes, in dem die Hochzeit stattfinden soll.

LINKS

Adressen der Botschaften und Konsulate
www.eda.admin.ch
(→ Reisehinweise & Vertretungen → Tipps vor der Reise → Allgemein → ausländische Botschaften und Konsulate in der Schweiz)

Merkblatt zur Eheschliessung im Ausland
www.bj.admin.ch
(→ Gesellschaft → Zivilstandswesen → Merkblätter → Ehe)

LINK

Adressen der Schweizer Vertretungen im Ausland
www.eda.admin.ch
(→ Reisehinweise & Vertretungen → Land wählen)

TIPP Erkundigen Sie sich frühzeitig bei der ausländischen Vertretung in der Schweiz, also der Botschaft oder dem Konsulat. Die Adressen finden Sie beim Eidgenössischen Departement des Äusseren (EDA), ein hilfreiches Merkblatt beim Bundesamt für Justiz.

Im Normalfall benötigen Sie für die Heirat im Ausland folgende Dokumente:
- einen neuen, auf dem internationalen Formular ausgestellten Geburtsscheinn (erhältlich beim Zivilstandsamt am Geburtsort),
- einen aktuellen Personenstandsausweis (erhältlich beim Zivilstandsamt am Heimatort),
- eine neue Wohnsitzbestätigung (erhältlich auf der Gemeindeverwaltung am Wohnsitz),
- einen gültigen Pass oder eine ID (erhältlich bei der kantonalen Passstelle).

Ein Ehefähigkeitszeugnis wird je länger, je weniger verlangt. Wenn doch, darf es nicht älter als sechs Monate sein. Schweizer Bürgerinnen und Bürger erhalten es beim Zivilstandsamt an ihrem schweizerischen Wohnsitz.

Die Heirat in der Schweiz melden

Besitzt einer von Ihnen oder besitzen Sie beide den Schweizer Pass, melden Sie die im Ausland geschlossene Ehe sofort bei der schweizerischen Vertretung im Land und geben dort den Originaleheschein ab. Das gilt auch für ausländische Staatsangehörige mit Wohnsitz in der Schweiz, sofern sie im Personenstandsregister eingetragen sind.

Haben Sie diese Anmeldung unterlassen und sind Sie schon wieder zurück in der Schweiz, wenden Sie sich an die kantonale Aufsichtsbehörde im Zivilstandswesen Ihres Heimatorts. Für ausländische Staatsangehörige ist die Behörde am Wohnort zuständig. Ist ein Ehepartner Ausländer und haben Sie bei der Heirat kein Ehefähigkeitszeugnis vorgelegt, können die Behörden zusätzlich zum Eheschein Urkunden über Geburt, Abstammung, Zivilstand und Nationalität verlangen.

Nach der Einreise in die Schweiz muss sich der ausländische Partner, die Partnerin innert einer Woche bei der Wohnsitzgemeinde und der Ausländerbehörde anmelden. Er oder sie bekommt eine Daueraufenthaltsbewilligung B. Sind beide Eheleute ausländische Staatsangehörige, entscheidet die Ausländerbehörde über die Anerkennung der Heiratspapiere und die Aufenthaltsbewilligung (mehr dazu auf Seite 45 und 46).

GUT ZU WISSEN Allein der für die Anerkennung nötige Papierkrieg kann Ihnen einige Hürden in den Weg legen: Als Frischvermählte müssen Sie der zuständigen Schweizer Vertretung im Ausland den Eheschein und je nach Land noch weitere Dokumente vorlegen. Ist der Eheschein nicht in einer Schweizer Amtssprache verfasst, veranlasst die Schweizer Vertretung eine Übersetzung – auf Ihre Kosten. Schliesslich braucht es – je nach Heiratsland – eine Bestätigung der Schweizer Vertretung, dass der Eheschein echt ist und die Ehe vor der zuständigen Behörde geschlossen wurde.

Wird die Ehe anerkannt?
In der Regel anerkennen die Schweizer Behörden die im Ausland gültig geschlossene Ehe. Nicht anerkannt wird eine Heirat vor einer nicht staatlich akkreditierten Behörde, zum Beispiel vor dem Chefpiloten im Flugzeug. Anerkannt wird dagegen auch eine Blitzheirat in Las Vegas in einer lizenzierten «wedding chapel» (Hochzeitskapelle) im Casino-Hotel.

GUT ZU WISSEN Die Bestimmungen im Partnerschaftsgesetz sind die gleichen. Nur die Bezeichnungen Verlobte, Braut oder Bräutigam gibt es nicht. Mann und Frau heissen einfach Partner beziehungsweise Partnerin. Ihr Zivilstand lautet nicht «verheiratet», sondern «in eingetragener Partnerschaft».

In einigen Ländern dürfen schwule und lesbische Paare schon länger heiraten, zum Beispiel in einigen Bundesstaaten der USA. Eine solche im Ausland gültig geschlossene Ehe wird in der Schweiz als eingetragene Partnerschaft anerkannt, solange die Ehe für alle in der Schweiz noch nicht besteht.

Was passiert bei einer Scheinehe?

Wer heiratet, ohne mit dem ausländischen Partner, der ausländischen Partnerin eine Lebensgemeinschaft zu planen, geht eine Scheinehe ein. Wenn beide Beteiligten nur zum Schein heiraten, spricht man von einer doppelten Scheinehe.

Zivilstandsbeamte müssen die Heirat bei offensichtlicher Scheinehe verweigern. Die Beweislage ist für die Behörden aber naturgemäss schwierig. Sie können sich ja nicht in die Gedanken des Brautpaars einklinken. Deshalb stützen sie sich auf Indizien ab: ein sehr grosser Altersunterschied zum Beispiel, eine Heirat nach kurzer Bekanntschaft oder kurz bevor die ausländische Partnerin die Schweiz verlassen müsste.

Wer eine Scheinehe eingeht, kann mit einer Freiheitsstrafe von bis zu drei Jahren bestraft

> **E wie Ehebruch:**
> *Wie wird dieser bestraft?*
>
> Auf juristischer Ebene gilt er als ausgerottet: Der Seitensprung ist nicht mehr strafbar. Und auch im Scheidungsverfahren spielt der Treuebruch keine Rolle mehr. So kann auch der Ehebrecher spätestens nach zwei Jahren Trennung die Scheidung erzwingen, und auch die Ehebrecherin kann Alimente erhalten.

oder zu einer Geldstrafe verurteilt werden. Wer sich für das Jawort sogar bezahlen lässt, riskiert eine Freiheitsstrafe von bis zu fünf Jahren. Ausserdem muss die Behörde von Amtes wegen eine Ungültigkeitsklage beim Zivilgericht einreichen.

Im guten Glauben geheiratet
Wer die Ehe gutgläubig geschlossen hat, hat strafrechtlich nichts zu befürchten. Stellt sich nach der Heirat heraus, dass der ausländische Partner die Ehe nur wegen des Aufenthaltsrechts eingegangen ist, spricht man von einseitiger Scheinehe. Die betrogene Ehegattin kann beim Gericht auf Ungültigkeit der Ehe klagen – so der Wortlaut des Gesetzes. Einzelne Juristen wollen die Ungültigkeitsklage nur bei beidseitigen Scheinehen zulassen. Was wirklich gilt, werden die Gerichte zu entscheiden haben. Oft ist es aber ohnehin schwierig, den Betrug zu beweisen.

§ **GESETZESTEXT**
Art. 105 Ziff. 4–6 ZGB

TIPP Bevor Sie eine Klage einleiten oder die Behörden informieren, klären Sie mit einem Anwalt die Prozesschancen ab. Unter Umständen fahren Sie mit einer Scheidungsklage besser.

Zwangsehen verhindern
Zur Anzahl der Zwangsehen in der Schweiz gibt es keine offizielle Statistik; Fachleute sprechen von mehreren Tausend Betroffenen. Diese stehen unter grossem sozialem Druck durch ihr Umfeld, oft durch die eigene Familie. In Extremfällen kommt es auch zu körperlicher oder sexueller Gewalt, Entführung und Einsperren.

Wer jemanden zur Heirat zwingt, wird mit Freiheitsstrafe von bis zu fünf Jahren bestraft. Zwangsheiraten werden von Amtes wegen verfolgt und für ungültig erklärt. Hat der Zivilstandsbeamte bereits den begründeten Verdacht, dass die Braut oder der Bräutigam die Ehe nicht aus freiem Willen eingeht, muss er die Trauung verweigern. Im Ausland geschlossene Ehen von Partnern, die noch nicht 18 Jahre alt sind, werden nicht mehr anerkannt.

§ **LINK**
Informationen zu Zwangsehen
www.zwangsheirat.ch

TIPP Betroffene wenden sich am besten an eine Beratungsstelle für Migrantinnen und Migranten, die Informationen und Beratung in vielen Sprachen anbieten, oder an ein Frauenhaus in der Region. Weitere Informationen finden Sie im Internet.

Aufenthaltsrecht für ausländische Ehepartner aus der EU und der EFTA

Je nach Staatsbürgerschaft des ausländischen Partners, der Partnerin sind für die Einreise, die Aufenthalts-, die Arbeits- und für die Niederlassungsbewilligung unterschiedliche Rechtsquellen massgebend. Für Bürgerinnen und Bürger der Europäischen Union (EU) und der Europäischen Freihandelsassoziation (EFTA) gilt das Freizügigkeitsabkommen (FZA), das in den bilateralen Verträgen zwischen der Schweiz und der EU enthalten ist. Als EU-Bürger oder -Bürgerin gilt, wer die Staatsbürgerschaft eines EU- oder EFTA-Landes besitzt.

GUT ZU WISSEN Seit dem 1. Januar 2021 können sich Bürgerinnen und Bürger von Grossbritannien nicht mehr auf das FZA berufen. Mit dem Brexit gelten Sie als Angehörige eines Drittstaats. Immerhin erlaubt ein Abkommen zwischen Grossbritannien und der Schweiz britischen Staatsangehörigen und ihren Familienmitgliedern, ihr bis am 31. Dezember 2020 erworbenes Aufenthaltsrecht gestützt auf das Freizügigkeitsabkommen lebenslang zu behalten.

Gesuch um Familiennachzug

Der ausländische Ehemann einer Schweizer Bürgerin oder einer Ausländerin mit Aufenthaltsrecht in der Schweiz erhält nach der Heirat in der Regel eine Aufenthalts- und Arbeitsbewilligung – falls er nicht selber schon eine besitzt. Dafür braucht es ein Familiennachzugsgesuch. Die Heirat verschafft das Aufenthaltsrecht nicht automatisch.

Stammt der oder die Zukünftige aus der EU oder der EFTA, sind oft keine grossen Formalitäten nötig. Denn Bürgerinnen und Bürger eines EU- oder EFTA-Staats besitzen häufig schon eine eigene Aufenthaltsbewilligung in der Schweiz, zum Beispiel, weil sie hier einen Job haben.

Wenn nicht, hat ein EU-Bürger nach der Heirat mit einer Schweizerin grundsätzlich Anspruch auf eine Aufenthaltsbewilligung. Die Schweizer Ehegattin muss für ihren ausländischen Partner bei der Wohngemeinde oder direkt bei der kantonalen Ausländerbehörde ein Familiennachzugsgesuch einreichen. Der ausländische Partner erhält eine Daueraufenthaltsbewilligung B mit Aufenthaltszweck «zum Verbleib bei der Ehefrau».

Die Ehefrau aus der EU oder EFTA hat ebenfalls Anspruch auf eine Aufenthaltsbewilligung, wenn sie einen Bürger eines EU- oder

F wie Familienwohnung:
Wer darf darüber verfügen?

Verheiratete dürfen nur mit Zustimmung des Ehemanns, der Ehefrau das eheliche Heim verkaufen oder den Mietvertrag kündigen. Dabei spielt es keine Rolle, wem das Eigenheim gehört oder wer den Mietvertrag unterzeichnet hat. Können sich Eheleute nicht einigen, müssen sie vor Gericht.

EFTA-Staats mit Aufenthaltsrecht in der Schweiz heiratet. Das gilt auch für die Ehefrau aus einem Drittstaat.

Was gilt bei Trennung und Scheidung?
Eine Trennung hat auf das Aufenthaltsrecht von Bürgerinnen und Bürgern der EU/EFTA grundsätzlich keinen Einfluss. Sie müssen, im Gegensatz zu Personen aus einem Staat ausserhalb der EU/EFTA, nicht mit dem Ehemann, der Ehefrau zusammenwohnen. Wenn aber für beide Eheleute klar ist, dass sie nicht mehr zusammenkommen, und sie sich nur wegen der Aufenthaltsbewilligung nicht scheiden lassen (sogenannte Scheinehe, siehe Seite 43), hat der nachgezogene Partner kein Recht mehr, in der Schweiz zu bleiben.

Nach einer **Scheidung** oder nach dem **Tod** des Ehemanns muss die nachgezogene Partnerin das Land nicht sofort verlassen, sie kann ein eigenes Aufenthaltsrecht geltend machen, wenn folgende Kriterien zutreffen:
- Die nachgezogene Ehepartnerin hat in der Schweiz eine Arbeitsstelle oder besitzt genügend Vermögen, um ihren Lebensunterhalt zu finanzieren.
- Stirbt der Ehemann, hat die nachgezogene Partnerin einen Anspruch auf Verlängerung der Aufenthaltsbewilligung, egal wie lange die Ehe gedauert hat. Wenn allerdings erhebliche Zweifel bestehen, dass die Ehe gelebt wurde, besteht gemäss bundesgerichtlicher Praxis die Gefahr, dass der Aufenthalt nicht verlängert wird.

Aufenthaltsrecht für ausländische Ehepartner von ausserhalb der EU und der EFTA

Für Menschen aus den sogenannten Drittstaaten gilt das Ausländer- und Integrationsgesetz (AIG). Heiratet eine Schweizerin oder eine Ausländerin mit Niederlassungsbewilligung C einen Mann aus einem Drittstaat, hat dieser grundsätzlich einen Anspruch auf eine Aufenthaltsbewilligung – sofern das Paar zusammenwohnt. Zuständig für den Familiennachzug ist die kantonale Ausländerbehörde bzw. die Einwohnerkontrolle.

Wohnt das Ehepaar später vorübergehend nicht in einem gemeinsamen Haushalt – zum Beispiel wegen einer akuten Ehekrise –, ist das Aufenthaltsrecht prinzipiell noch nicht gefährdet. Wird die Ehe aber definitiv getrennt oder geschieden, kann der ausländische Partner das Aufenthaltsrecht verlieren. Nach drei Jahren Ehe in der Schweiz hat er immerhin intakte Chancen, in der Schweiz bleiben zu können. Verlangt wird, dass er gut integriert ist, sich in der Sprache vor Ort gut verständigen kann und eine Arbeitsstelle hat oder in einer Ausbildung ist.

Auch wichtige persönliche Gründe können zu einer Verlängerung der Aufenthaltsbewilligung führen. Beispiele: Die Ehe wurde durch den Tod der

Ehegattin aufgelöst; die ausländische Ehefrau wurde Opfer häuslicher Gewalt und eine Rückkehr ins Heimatland ist nicht zumutbar. Ein Grund für die Verlängerung der Aufenthaltsbewilligung kann auch sein, dass der geschiedene Elternteil seinen Kontakt zu den minderjährigen Kindern, die in der Schweiz bleiben, weiterhin regelmässig pflegen können soll.

Die Ehe zwischen der Schweizerin Maja A. und dem indischen Staatsangehörigen Muhinder C. wird nach vier Jahren geschieden. Die Ausländerbehörde verlängert das Aufenthaltsrecht von Muhinder C., da er einer geregelten Arbeit nachgeht und sich regelmässig um die beiden Söhne kümmert, die seit der Scheidung bei der Mutter wohnen.

Drittstaatsangehörige ohne Niederlassungsbewilligung

Schwieriger wird es für eine Ausländerin aus einem Land ausserhalb der EU/EFTA, die keine Niederlassungsbewilligung C besitzt und einen ebenfalls aus einem solchen Drittstaat stammenden Ausländer nachziehen will. Sie hat keinen gesetzlichen Anspruch, ihren Ehemann in die Schweiz zu holen. Im Normalfall wird der Nachzug jedoch bewilligt, wenn folgende Voraussetzungen erfüllt sind:

- Die Eheleute wohnen in der Schweiz zusammen.
- Die Grösse der Wohnung entspricht Schweizer Verhältnissen. Es darf nicht zu einer Überbelegung kommen.
- Die finanziellen Verhältnisse gewährleisten, dass der Familiennachzug keine Sozialhilfeabhängigkeit auslöst. Massgebend sind die Richtlinien der Schweizerischen Konferenz für Sozialhilfe (Skos).

ACHTUNG Das Gesuch um Familiennachzug für Ehegatten und Kinder bis zum Alter von zwölf Jahren muss innert fünf Jahren seit der Erteilung der eigenen Aufenthaltsbewilligung oder seit der Heirat gestellt werden. Kinder über zwölf Jahren sind innerhalb von zwölf Monaten nachzuziehen.

Leben die Eheleute nicht mehr zusammen, wird die Bewilligung des nachgezogenen Partners in der Regel nicht mehr verlängert. Auch wenn das Paar später Sozialhilfe benötigt, kann dies dazu führen, dass die Bewilligung nicht verlängert wird. Verliert die Ehefrau, die zuerst in der Schweiz wohnte, ihre Bewilligung, verliert auch der Ehemann das Aufenthaltsrecht.

TIPP Wer sich wegen häuslicher Gewalt vom Ehegatten trennt oder sich scheiden lässt, kann auf ein eigenes Aufenthaltsrecht hoffen. Die zuständigen Behörden verlangen aber Nachweise wie Arztzeugnisse, Polizeirapporte, Strafanzeigen oder eine strafrechtliche Verurteilung. Befinden Sie sich in einer solchen Situation, wenden Sie sich am besten an eine Ausländerberatungsstelle (Adressen im Anhang).

LINKS
Beratungsstellen für Ausländer
www.frabina.ch
www.ig-binational.ch

Ausländische Stiefkinder in die Schweiz holen

Auch wenn Sie Kinder Ihrer ausländischen Partnerin, Ihres ausländischen Partners zu sich holen wollen, kommt es darauf an, welche Nationalität und welchen Aufenthaltsstatus die Eltern besitzen.

Eltern aus der EU und der EFTA

Bürgerinnen und Bürger der EU und der EFTA mit einer Aufenthaltsbewilligung in der Schweiz haben das Recht, ihre Kinder nachzuziehen, wenn diese noch nicht 21 Jahre alt sind oder wenn sie ihnen Unterhalt zahlen. Verlangt wird, dass die Wohnung genügend gross für die Familie ist. Die Kinder können meist wie Touristen in die Schweiz einreisen und das Aufenthaltsprozedere in der Schweiz durchlaufen.

Schwieriger für Eltern aus Drittstaaten

Stammt die ausländische Mutter (oder der Vater) aus einem Drittstaat, muss sie das Sorgerecht für ihr im Ausland lebendes Kind haben, damit sie es in die Schweiz holen kann. Dass dies der Fall ist, muss sie mit amtlichen Dokumenten aus dem Wohnsitzstaat des Kindes belegen. Neben dem Sorgerecht sind weitere Punkte ausschlaggebend:

- Die Kinder wohnen mit der Mutter bzw. dem Vater in der Schweiz zusammen (also nicht bei Pflegeeltern oder Verwandten).
- Die Wohnung entspricht Schweizer Verhältnissen.
- Es besteht keine Gefahr, dass die Familie wegen des Nachzugs Sozialhilfe in Anspruch nehmen muss.

Ist die ausländische Mutter (oder der Vater) eingebürgert oder besitzt sie die Niederlassungsbewilligung C, hat sie einen gesetzlichen Anspruch, ihre Kinder unter 18 in die Schweiz zu holen. Dabei gilt:

- Kinder unter zwölf Jahren müssen innerhalb von fünf Jahren nachgezogen werden. Sie erhalten die Niederlassungsbewilligung C.
- Kinder über zwölf Jahren müssen innert eines Jahres in die Schweiz geholt werden. Sie erhalten eine Aufenthaltsbewilligung B.

ACHTUNG Diese Fristen laufen in der Regel ab dem Datum, da die Mutter die Aufenthaltsbewilligung erhalten hat. Später ist ein Nachzug nur bei wichtigen Gründen möglich. Die Praxis der Behörden ist dabei sehr streng. Befinden Sie sich in einer solchen Situation, sollten Sie unbedingt einen Anwalt beiziehen.

Sima ist 13 Jahre alt und lebte bisher bei ihrer Grossmutter im Sudan. Ihre Mutter ist seit drei Jahren in der Schweiz verheiratet. Als die Grossmutter schwer erkrankt, will die Mutter Sima zu sich holen. Diese Situation wird nur als wichtiger Grund für den späten Familiennachzug akzeptiert, wenn Sima nicht bei anderen Bezugspersonen im Heimatland bleiben kann.

Hat der ausländische Elternteil erst den Ausweis B, besteht kein Rechtsanspruch darauf, die Kinder zu sich zu holen. Die Ausländerbehörde kann den Nachzug bewilligen, muss aber nicht. Zudem müssen folgende Voraussetzungen erfüllt sein:
- Die Kinder wohnen mit der Mutter bzw. dem Vater in der Schweiz zusammen (also nicht bei Pflegeeltern oder Verwandten).
- Die Wohnung entspricht Schweizer Verhältnissen.
- Es besteht keine Gefahr, dass die Familie wegen des Nachzugs Sozialhilfe in Anspruch nehmen muss.

Generell gilt: Je länger Sie mit dem Familiennachzug zuwarten und je näher das Alter der Kinder an der Grenze zur Volljährigkeit liegt, desto schwieriger wird es. Bei der Ausländerbehörde kann der Verdacht entstehen, dass nicht unbedingt das familiäre Zusammenleben im Vordergrund steht. Überwiegen wirtschaftliche Interessen oder geht es primär um eine bessere Ausbildung der Kinder in der Schweiz, wird das Gesuch um Familiennachzug abgelehnt.

LINK
Beratung zum Familiennachzug
www.sah-zh.ch
(→ Angebote → Beratung und Coaching → MIRSAH)

TIPP Viel hängt davon ab, dass Ihr Gesuch geschickt begründet ist. Am besten konsultieren Sie vor der Einreichung eine Beratungsstelle oder eine Anwältin und lassen sich bei der Formulierung helfen.

Die Niederlassungsbewilligung C

Wer mit einem Schweizer oder mit einer Ausländerin mit Niederlassungsbewilligung C verheiratet ist, kann nach fünf Jahren Wohnsitz in der Schweiz selber die Niederlassungsbewilligung C beantragen. Ebenfalls nach fünf Jahren eine C-Bewilligung beantragen können Bürgerinnen und Bürger diverser Länder, mit denen Sondervereinbarungen bestehen, etwa Andorra, Belgien, Dänemark, Deutschland, Finnland, Frankreich, das Fürstentum Liechtenstein, Griechenland, Grossbritannien, Irland, Island, Italien, Kanada, Luxemburg, Monaco, die Niederlande, Norwegen, Österreich, Portugal, San Marino, Spanien, Schweden, die USA und die Vatikanstadt. Alle anderen Ausländer können das Gesuch grundsätzlich erst nach einem ununterbrochenen Aufenthalt von zehn Jahren stellen.

Voraussetzungen dafür, dass man die Niedererlassung erhält, sind ein gewisses Wohlverhalten und gute Kenntnisse der am Wohnort gesprochenen Landessprache. Steuerschulden, Sozialhilfebezug oder ein Strafregistereintrag können eine Ablehnung des Gesuchs zur Folge haben.

GESETZESTEXT
Art. 34, 43, 63 AIG

Die Niederlassungsbewilligung C verschafft ausländischen Staatsangehörigen ein eigenständiges Aufenthaltsrecht in der Schweiz. Dieses ist an keine Bedingungen wie zum Beispiel eine intakte Ehe geknüpft. Niedergelassene, die sich trennen oder scheiden lassen, verlieren ihr Anwesenheitsrecht nicht. Auch auf dem Arbeitsmarkt sind sie den Schweizern weitgehend gleichgestellt.

Erleichterte Einbürgerung

Das ordentliche Einbürgerungsverfahren in der Schweiz ist umständlich. Erstens muss man mindestens zehn Jahre im Land gewohnt haben und eine Niederlassungsbewilligung besitzen, bevor man das Gesuch stellen kann. Zweitens braucht es für eine Einbürgerung die Zustimmung vom Bund, vom Wohnsitzkanton und von der Wohnsitzgemeinde.

Einfacher haben es Ehepartner und Ehepartnerinnen von Schweizer Bürgerinnen und Bürgern. Wer insgesamt fünf Jahre in der Schweiz gewohnt hat, seit einem Jahr hier wohnt – das heisst ein Jahr unmittelbar vor der Einreichung des Gesuchs – und seit drei Jahren verheiratet ist, kann sich erleichtert einbürgern lassen. Verlangt wird, dass der Schweizer Ehepartner den roten Pass schon bei der Heirat besass, dass die Gesuchstellerin integriert ist, sich in einer Landessprache verständigen kann und einen guten Leumund hat (keine hängigen Strafverfahren oder ungelöschten Vorstrafen). Eine weitere Voraussetzung ist eine intakte Ehe: Die Eheleute müssen auf einem Fragebogen bestätigen, dass sie in einer tatsächlichen, ungetrennten, stabilen ehelichen Gemeinschaft leben. Wer schwindelt, riskiert noch acht Jahre später den Entzug des Schweizer Passes. Wer sich also nach der erleichterten Einbürgerung trennt oder scheiden lässt, hat den Schweizer Pass keineswegs «auf sicher».

Über das Einbürgerungsgesuch entscheidet das Staatssekretariat für Migration. Der Wohnsitzkanton und die Gemeinde werden aber angehört. Das Verfahren dauert weniger lang als eine ordentliche Einbürgerung und die Kosten sind tiefer.

LINK
Staatssekretariat für Migration
www.sem.admin.ch

GESETZESTEXT
Art. 20, 25, 36 BüG

GUT ZU WISSEN Eingetragene Partner oder Partnerinnen können nicht von der erleichterten Einbürgerung profitieren. Sie können sich nur ordentlich einbürgern lassen. Immerhin genügt dafür ein Wohnsitz von insgesamt fünf Jahren in der Schweiz, davon ein Jahr unmittelbar vor der Gesuchstellung, sofern sie oder er seit drei Jahren in eingetragener Partnerschaft mit der Schweizer Bürgerin oder dem Schweizer Bürger lebt. Wird die Ehe für alle angenommen, können eingetragene Paare zur Ehe wechseln und damit von der erleichterten Einbürgerung profitieren.

Integration und Heimatanschluss

Wer dauerhaft in der Schweiz lebt, soll sich so gut wie möglich integrieren können. Einerseits wird von den Zugewanderten erwartet, dass sie sich um ihre Integration bemühen und die hiesigen Regeln und Gesetze einhalten. Anderseits ist es für den ausländischen Ehepartner angenehmer, wenn er sich mit den Gepflogenheiten der neuen Heimat auskennt.

Integration ist auch wichtig im Hinblick auf eine spätere Einbürgerung. Sowohl bei der erleichterten als auch bei der ordentlichen Einbürgerung wird die erfolgreiche Eingliederung in die schweizerischen Verhältnisse sowie ein Vertrautsein mit den schweizerischen Lebensgewohnheiten, Sitten und Gebräuchen verlangt.

Wege zur Integration

Hilfreich für eine rasche Integration ist natürlich der Austausch mit Kolleginnen und Kollegen am Arbeitsplatz. Aber auch das Mitmachen in einem Verein kann sehr wertvoll sein. Warum nicht beim lokalen Damenturnverein oder in der Kompostgruppe erste Kontakte knüpfen? Oft können die Kinder eine Brücke bilden: Der Austausch mit anderen Eltern in der Mütterberatung, in der Spielgruppe und später in der Schule öffnet manche Tür.

Sehr zu empfehlen sind auch Sprachkurse. Je schneller Ihre Ehefrau, Ihr Ehemann sich in der hiesigen Sprache verständigen kann, desto besser. Das macht das Leben im Freundes- und Bekanntenkreis und auch in der Familie einfacher. Laufend übersetzen zu müssen, ist mühsam, und selbst wenn die Tischrunde die Sprache des Ehemanns aus Argentinien spricht, verfällt man doch immer wieder ins Schweizerdeutsche, und schon ist er ausgeschlossen. Das liegt jeweils nicht am bösen Willen, sondern passiert einfach – was es für den Liebsten aber auch nicht besser macht.

TIPP Unterstützung erhalten Sie bei den Kompetenzzentren für Integration in Ihrem Kanton. Die Adressliste finden Sie bei KIP Kantonale Integrationsprogramme.

LINK
Integrationsprogramme
www.kip-pic.ch
(→ Kontakt)

Den Kulturgraben überbrücken

Laut einer Zürcher Studie lastet auf binationalen Paaren das höchste Scheidungsrisiko. Ist die Frau Schweizerin und der Mann Ausländer, sind zehn Jahre nach der Heirat bereits 75 Prozent der Ehen wieder geschieden. Das muss nicht sein, wenn Sie sich einige Gegebenheiten vor Augen führen und vorbeugen.

Binationale Paare müssen aus aufenthaltsrechtlichen Gründen oft rasch heiraten, haben also wenig Möglichkeiten, das Zusammenleben erst einmal auszuprobieren. Und im Alltag sind sie häufig mit Vorurteilen oder gar Ablehnung konfrontiert. Auch die sprachliche Verständigung ist meist erschwert. Wer seine Ansichten und Gefühle nicht in der Muttersprache ausdrücken kann, ist permanent benachteiligt. Das wirkt sich bei Spannungen in der Ehe doppelt ungünstig aus. Hat der Ehegatte eine andere Religion oder stammt die Ehefrau aus einem anderen Kulturkreis, sind Offenheit und Toleranz für deren Besonderheiten unabdingbar.

LINKS
Anlaufstellen für binationale Paare
www.frabina.ch
www.ig-binational.ch

TIPP Hilfreich ist der Austausch mit anderen binationalen Paaren. Unterstützung gibt es auch bei der Beratungsstelle Frabina und der Interessengemeinschaft Binational.

Die eigene Heimat nicht vergessen

Genauso wichtig wie eine rasche Integration ist der Kontakt zur angestammten Heimat. Getrennt von der Verwandtschaft, den Freunden und der eigenen Sprache, kann es guttun, ab und zu mit Landsleuten in der Schweiz zusammenzukommen und sich auszutauschen. In der Schweiz gibt es zahlreiche Ausländervereine, deren Mitglieder einen regen Kontakt untereinander pflegen. Ihre Gemeinde kann geeignete Adressen in Ihrer Region vermitteln.

G wie Güterstand:
Was ist das?

Hier geht es um das Vermögen von Mann und Frau. Eheleute können zwischen drei Güterständen wählen: Errungenschaftsbeteiligung, Gütergemeinschaft sowie Gütertrennung. Wenn die Brautleute nichts unternehmen, gilt ab der Heirat automatisch die Errungenschaftsbeteiligung – alles während der Ehe erwirtschaftete Vermögen wird bei einer Scheidung hälftig geteilt. Vor oder auch noch Jahre nach der Heirat kann man zur Gütertrennung oder Gütergemeinschaft wechseln. Das kostet allerdings, weil ein öffentlich zu beurkundender Ehevertrag nötig ist.

DER SCHÖNSTE TAG

Sie wünschen sich ein rauschendes Hochzeitsfest mit Familie und Freunden, weissem Brautkleid, Zeremonie in der Kirche und grossem Essen? Oder Sie mögen es lieber schlicht mit nur wenigen Gästen und in der freien Natur? So oder so – der Hochzeitstag ist ein besonderer Tag.

Damit das Hochzeitsfest reibungslos über die Bühne geht, gibt es allerdings einiges zu organisieren und zu überlegen. Glücklich, wer ein Organisationstalent als Trauzeugin oder Trauzeugen hat, die diese Aufgabe gern übernehmen.

Die Ziviltrauung

Es ist nicht wie im Kino: Die Zivilstandsbeamtin darf Sie nicht am romantischen Bergsee oder im Garten der Eltern trauen. Das Gesetz bestimmt rigoros: «Die Trauung findet im Trauungslokal des Zivilstandskreises statt, den die Verlobten gewählt haben.» Das muss nicht zwingend am eigenen Wohnort sein, und es heisst auch nicht, dass Sie die ersten Minuten Ihrer Ehe in einem nüchternen Amtslokal verbringen müssen. Manche Gemeinden verfügen ohnehin über ein prunkvolles Trauungslokal, andere stellen neben dem Raum des Zivilstandsamts gegen einen Aufpreis besondere offizielle Trauungszimmer zur Verfügung: in Baden zum Beispiel in der Villa Boveri, im Kanton Bern auf dem Schloss Burgdorf und im Kanton Zürich in der Masoala-Halle im Zürcher Zoo.

Und wenn die Hochzeitszeremonie unbedingt an einem anderen Ort stattfinden soll? Die offizielle Trauung muss in einem Trauungslokal über die Bühne gehen. Ihr Zivilstandsbeamter ist aber womöglich bereit, den Trauungsakt vor versammelter Hochzeitsgesellschaft nachzustellen. So ist es dann doch ein bisschen wie im Film!

Das Jawort

Die Trauung ist öffentlich. Jedermann darf also im Trauungslokal anwesend sein und Ihrem Jawort lauschen. In der Praxis kommen natürlich nur die Gäste, die Sie einladen. Zwingend anwesend sein müssen zwei über 18 Jahre alte und urteilsfähige Trauzeugen. Diese Trauzeugen können Sie auch noch in letzter Minute bestimmen; sie müssen aber unbedingt den Pass oder die ID dabeihaben.

Die Zivilstandsbeamtin fragt Braut und Bräutigam einzeln, ob sie die Ehe mit dem oder der anderen eingehen wollen. Sagen beide Ja, erklärt sie die Ehe als geschlossen. Danach unterzeichnen die Eheleute und die Trauzeugen die Hochzeitsdokumente.

GUT ZU WISSEN Im Gegensatz zur Heirat wird die eingetragene Partnerschaft ohne Jawort und ohne Zeugen begründet. Die Willenserklärung der Partner oder Partnerinnen wird nur im Büro der Zivilstandsbeamtin oder je nach Kanton im Trauzimmer protokolliert und beurkundet. Wird die Ehe für alle angenommen, ist diese Ungleichbehandlung Geschichte.

Frei für die Hochzeit

Der Arbeitgeber muss Ihnen – und auch Ihren nahen Verwandten – für die Hochzeit freigeben. Allerdings legt das Gesetz nicht fest, wie viel Freizeit zu gewähren ist. Es spricht lediglich von den «üblichen freien Stunden und Tagen». Die meisten Firmen regeln die Absenzenfrage im Personalreglement oder direkt im Arbeitsvertrag. Auch vielen Gesamtarbeitsverträgen ist zu entnehmen, wer wann wie lang freimachen darf. Ist in Ihrem Betrieb nichts geregelt, können Sie sich an folgende Richtlinien halten:
- Eigene Heirat: zwei bis drei Tage
- Heirat eines nahen Verwandten: ein Tag

§ **GESETZESTEXT**
Art. 101–103 ZGB, Art. 329 OR

Die kirchliche Trauung

Früher war es praktisch undenkbar, dass ein Katholik eine Reformierte ehelichte (oder umgekehrt). Heute ist das gang und gäbe. Eine ökumenische Trauung dagegen gibt es nach wie vor nicht, denn ein Pfarrer ist entweder reformiert oder katholisch und traut entsprechend seiner Konfession. Es ist zwar möglich, dass sowohl ein katholischer Pfarrer wie auch eine reformierte Seelsorgerin in der Kirche anwesend sind. Doch weil beide Konfessionen jeweils die andere Trauung anerkennen, lässt sich kaum ein Paar von zwei Seelsorgern trauen.

Ein wesentlicher Unterschied zwischen Reformierten und Katholiken ist, dass Reformierte im Lauf des Lebens mehrmals vor den Traualtar treten dürfen, während dies bei den Katholiken nicht möglich ist – es sei denn, nicht nur der Scheidungsrichter, sondern auch die Kirchenoberen heben die frühere Ehe auf.

Wo heiraten?
Viele Paare möchten dem Himmel besonders nahe sein und sich in einer Bergkirche das Eheversprechen vor Gott geben. Andere suchen eine besonders schöne Kapelle auf dem Land. Doch diese speziellen Trauungsorte sind oft auf Monate oder sogar Jahre hinaus reserviert – vor allem, wenn das Hochzeitsdatum beispielsweise der 22. Februar 2022 sein soll. Auch sind sie nicht gratis. Einfacher ist es, in der Kirche Ihrer Gemeinde zu heiraten. Diese steht Ihnen normalerweise kostenlos zur Verfügung.

LINK
Informationen zur kirchlichen Hochzeit
www.kirchenhochzeit.ch

GUT ZU WISSEN Für gleichgeschlechtliche Paare gibt es keine eigentliche Trauung. Möglich ist aber eine Segnung der Lebenspartnerschaft – wenigstens durch einen reformierten Pfarrer. Katholische Geistliche riskieren dagegen ihren Job. Ein Pfarrer aus der Innerschweiz, der ein lesbisches Paar im Herbst 2014 segnete, durfte nur im Amt bleiben, weil er sich verpflichtete, keine solchen Segnungen mehr vorzunehmen. Die Ehe für alle – sofern sie vom Volk angenommen wird – ändert daran nichts. Das ZGB hat keinen Einfluss auf das kirchliche Recht.

Unvergessliches Hochzeitsfest

Hochzeiten können in Kirchen oder Kapellen stattfinden, müssen aber nicht. Alternativ gestaltete Hochzeiten gibt es heutzutage immer häufiger, sei es, dass ein Paar Ideen hat, die sich im kirchlichen Rahmen nicht realisieren lassen, sei es, dass man seine Liebe nicht vor Gott, sondern nur vor Freunden und Verwandten bezeugen möchte. Wer will, kann sich das Jawort unter Wasser, auf dem höchsten Berg, in der Luft, im Wald, in einer Berghütte oder an einer grossen Party geben. Der Fantasie sind keine Grenzen gesetzt – nur sollten Sie sich bewusst sein, dass Sie mit einer allzu ausgefallenen Feier vielleicht viele Freunde und Verwandte vor den Kopf stossen.

Professionelle Zeremonienmeisterin
Sogenannte Wedding Planner übernehmen auf Wunsch die Organisation des Festes von A bis Z. Solche Hochzeitsmanagerinnen sorgen dafür, dass sich das Hochzeitspaar und die Brautführer entspannt zurücklehnen können. Ohne Profis liegt die Aufgabe, für einen reibungslosen und stimmigen Ablauf des Hochzeitprogramms zu sorgen, oft bei der Brautführerin, dem Brautführer. Nicht immer eignet sich die beste Freundin, der beste Freund für diese Aufgabe.

👁 **Nadine T. und Marcel H. haben ihre Hochzeitsgesellschaft** zu einer Feier in einem Gartenlokal am See eingeladen. Schon während der Organisation des Festes vermisste Nadine T. die Unterstützung ihrer Trauzeugin. Und am Hochzeitsfest selber war die Trauzeugin nie dort, wo sie gebraucht wurde. Die Freundschaft zu ihr ist seither merklich abgekühlt.

Es muss ja auch nicht nach dem Motto «alles oder nichts» ablaufen. Viele Paare nützen einen professionellen Hochzeitsservice nur punktuell, zum Beispiel für gute Ideen zu Lokalitäten oder für Tipps, wie sich peinliche Hochzeitsspielchen vermeiden lassen.

TIPP Im Internet und im Telefonbuch finden Sie Ritualberaterinnen und freischaffende oder konfessionslose Theologen, die Ihnen bei einer persönlichen Gestaltung der Hochzeitszeremonie behilflich sind, sowie Wedding Planner für die Organisation des schönsten Tages.

🔗 **LINKS**
Ritualberatung
www.ritualverband.ch/mitglieder
www.svft.ch

Die Finanzen

Dass die Eltern als Hochzeitsgeschenk die Kosten des Festes übernehmen, wie es vor ein paar Jahrzehnten noch üblich war, ist heute eher ein veralteter Brauch. Unverändert ist, dass viele Paare den Hochzeitstag als unvergesslichen, wenn nicht gar schönsten Tag in ihrem Leben gestalten möchten. Das hat seinen Preis: Eine Hochzeit mit allen Gebühren, Blumensträussen, Einladungen, Essen und Unterhaltungsprogramm kostet schnell einmal eine fünfstellige Summe. Wie teuer Ihr Fest zu stehen kommt, hängt natürlich davon ab, wie viele Gäste Sie wohin und wie einladen.

TIPP Im Internet können Sie sich einen Überblick über die anfallenden Kosten verschaffen.

Für eine gelungene Party braucht es allerdings nicht zwingend ein riesiges Budget. Bei Nicole und Samir offeriert Nicoles Götti bei sich zu Hause den Apéro nach der Trauung. Schwester Francine wandelt inzwischen mit ihrem Partner die Wohnung der Frischvermählten in ein stimmungsvolles Lokal um. Die Nachbarn sind alle eingeweiht, dass es heute vermutlich ein bisschen lauter zugeht als üblich.

Es kommt etwas dazwischen

Es muss nicht immer wegen einer Krise wie der Coronapandemie im Jahr 2020 sein: Die Hochzeit wird verschoben oder schlimmstenfalls abgesagt. Was gilt dann punkto Bestellungen und Buchungen?

- **Bestellte Hochzeitskleider:** Ist das Kleid der Braut, der Brautjungfern oder der Anzug des Bräutigams im Geschäft schon bestellt, haben Sie einen Kaufvertrag abgeschlossen. Da gibt es kein gesetzliches Rücktrittsrecht. Besser Sie machen klar ab, bis wann das Kleid zwar reserviert bleibt, aber immer noch abgesagt werden kann. Schriftlich!
- **Buchung Restaurant, Eventlokalität, DJ oder Band**
  Wenn Sie zu kurzfristig absagen, schulden Sie Schadenersatz. Vereinbaren Sie unbedingt schriftlich, bis wann Sie die Buchung kostenlos annullieren können. Ebenso eine Pauschale bei späterer Annullierung.

Hochzeitsversicherung?

Das Wichtigste vorweg: «Kalte Füsse» kann man nicht versichern. Wenn also die Braut oder der Bräutigam einen Rückzieher macht, zahlt die Versicherung nichts. Sie übernimmt nur Stornokosten bei bestimmten Ereignissen wie:

- Krankheit, Tod: von Bräutigam oder Braut, direkten Angehörigen wie Eltern oder Geschwistern oder Trauzeugen
- Braut, Bräutigam, Trauzeugen oder direkte Familie können nicht anreisen.
- Die Eventlokalität steht unerwartet nicht zur Verfügung.
- Insolvenz eines Anbieters und damit Ausfall der Anzahlung
- Ausfall/Überbuchung eines Dienstleisters (zum Beispiel DJ)
- Wetter: Regen am Hochzeitstag

TIPP Prüfen Sie vor dem Abschluss einer solchen Versicherung unbedingt genau, welche Risiken gedeckt sind.

Die Hochzeitsgeschenke

Eine Hochzeit ohne Geschenke ist wie ein Geburtstagskuchen ohne Kerzen. Doch gute Ideen sind oft Mangelware. Ihr Umfeld wird froh sein, wenn Sie bekannt geben, was Sie sich wünschen.

WER SCHENKT WIE VIEL?

Immer öfter wünschen sich Neuvermählte lieber ein Geldgeschenk als Zustupf für eine grössere Anschaffung oder für die unvergessliche Hochzeitsreise. Wie viel man spendet, hängt in erster Linie vom eigenen Budget ab. Ansonsten können Sie sich an diesen Vorschlägen orientieren:
- Eltern, Gotte und Götti   600 – 1000 Franken
- Geschwister/Grosseltern   300 – 1000 Franken
- Andere Verwandte und enge Freunde   200 – 500 Franken
- Kolleginnen und Kollegen   50 – 200 Franken

CHECKLISTE: HOCHZEIT ORGANISIEREN

Sechs Monate vorher
- ☐ Hochzeitstermin mit den wichtigsten Freunden und den Angehörigen koordinieren
- ☐ Rahmen des Festes festlegen (Standesamt und Kirche oder nur Standesamt? Ort der Feier, Programm?)
- ☐ Papiere fürs Standesamt zusammenstellen
- ☐ Eheschliessung beim Standesamt anmelden
- ☐ Gespräch mit dem Pfarrer vereinbaren, Kirche reservieren und die Hochzeitszeremonie vorbesprechen
- ☐ Vorläufige Gästeliste aufstellen
- ☐ Lokalität für die Hochzeitsfeier auswählen, Offerten fürs Essen einholen
- ☐ Musiker oder DJ und Fotograf engagieren

Fünf Monate vorher
- ☐ Hochzeitsanzeigen in Auftrag geben (wer wird ans Fest eingeladen, wer bloss zum Apéro?)
- ☐ Hochzeitsreise buchen
- ☐ Hochzeitsauto, Car, Schiff oder Kutsche bestellen

Vier Monate vorher
- ☐ Einladungskarten verschicken
- ☐ Wunschliste zusammenstellen und auf Wunsch den geladenen Gästen schicken
- ☐ Trauzeugen auswählen und ihre Aufgabe besprechen
- ☐ Hochzeitskleid und Anzug kaufen (oder mieten)
- ☐ Unterkunft für auswärtige Gäste organisieren
- ☐ Wenns einen geben soll: Apéro organisieren

Viele Brautpaare erstellen selber eine Wunschliste, die sie ihren Verwandten, Bekannten und Freunden zukommen lassen. Im Internet können Brautpaare auch eine eigene Hochzeitswebsite anlegen, Wunschliste inklusive. Anbieter finden Sie mit dem Suchbegriff «heiraten», «Hochzeit» oder «Wunschliste».

TIPP Achten Sie darauf, dass auf Ihrer Wunschliste Geschenke für jedes Budget vorkommen. Die Nachbarin oder der Arbeitskollege werden vielleicht 50 Franken ausgeben wollen, nahe Familienangehörige und enge Freunde dagegen 100 oder auch 500 Franken.

Sechs Wochen vorher
☐ Ablauf der Trauung mit dem Pfarrer besprechen
☐ Ringe kaufen
☐ Termin mit dem Fotografen vereinbaren
☐ Garderobe fürs Standesamt aussuchen
☐ Polterabend planen

Vier Wochen vorher
☐ Termin beim Coiffeur reservieren
☐ Brautstrauss, Blumen für die Trauzeugin, Tischdekoration bestellen
☐ Lagebesprechung mit den engsten Angehörigen und den Trauzeugen

Zwei Wochen vorher
☐ Tischordnung festlegen und Tischkarten schreiben
☐ Bei allen Reservationen nochmals Bestätigung einholen
☐ Falls jemand einen Schlüssel zu Ihrer Wohnung hat: zurückverlangen, damit Sie bei der Heimkehr vom Fest keine unwillkommene Überraschung vorfinden

Eine Woche vorher
☐ Polterabend vorbereiten
☐ Hochzeitsschuhe einlaufen – oder Blasenpflaster kaufen
☐ Koffer für die Hochzeitsreise packen

Einen Tag vorher
☐ Früh ins Bett gehen, Tee trinken, abwarten und auf schönes Wetter hoffen

Am Hochzeitstag
☐ Wohnung abschliessen – sonst finden Sie nach dem Fest das Schlafzimmer womöglich mit roten Ballons gefüllt oder den Eingang mit randvollen Wasserbechern verstellt.

Hochzeitsbräuche und ihre Bedeutung

Die Braut heiratet in Weiss – ist ja klar. Vielleicht würde sie, wenn sie die Bedeutung dahinter wüsste, lieber eine andere Farbe wählen. Und weshalb wird das Brautpaar, wenn es aus der Kirche kommt, mit Reis überschüttet? Ein Streifzug durch hiesige Bräuche rund ums Hochzeitsfest.

- **Polterabend**
  Der Polterabend stellt den letzten Abend in Freiheit dar. Der Bräutigam verbringt ihn mit seinen Freunden, die Braut mit ihren Freundinnen. Am Polterabend wird viel Porzellan zerschlagen – Scherben bringen Glück.

- **Eheringe**
  Ringe sind Sinnbilder für die Ewigkeit. Dass der Ring am Ringfinger getragen wird, ist vermutlich darauf zurückzuführen, dass man früher glaubte, eine Vene führe von da direkt zum Herzen und somit zur Liebe.
- **Hochzeitskleid**
  Zumindest in Europa ist Weiss die klassische Farbe für Brautkleider. Weiss steht für Friede, Freude und Vollkommenheit, aber auch für Reinheit, also sexuelle Keuschheit. Auch der Brautschleier symbolisierte ursprünglich die Unberührtheit, heute ist er nur noch modisches Accessoire.
- **Brautstrauss werfen**
  Die frisch vermählte Braut dreht sich nach der Trauung vor der Kirche um und wirft ihren Brautstrauss in die Menge der ledigen Frauen hinter ihr. Diejenige, die ihn fängt, kommt als Nächste unter die Haube.
- **Blüten streuen und Reis werfen**
  Wenn Blumenkinder nach der Hochzeit Blüten streuen, soll dies dem Brautpaar reichen Kindersegen bescheren. Eine ähnliche Bedeutung hat das Reiswerfen: Reiskörner sind in Asien Symbol für neu entstehendes Leben. Statt Reis werfen die Gäste heute aber eher Konfetti oder «wedding bubbles»: Seifenblasen mit Glückssujets.
- **«Füürschtei»**
  Diese Bonbons in Papierchen mit Sinnsprüchen dürfen an keiner Hochzeit fehlen! Das Brautpaar wirft sie in die Menge, und die Kinder sammeln sie auf.
- **Dosen am Auto, Hupkonzert**
  Hupen ist nicht nur ein Zeichen der Freude, der Lärm soll böse Geister vertreiben. Und last, but not least sollen alle sehen, dass hier eine Hochzeit stattfindet.

H wie Haftung der Eheleute:
Wer zahlt die Schulden?

Entgegen einem weitverbreiteten Irrglauben brauchen Sie keine Gütertrennung, wenn Ihr Schatz Schulden hat. Der Güterstand hat da keinen Einfluss, so oder so haftet man nicht für voreheliche Schulden des andern. Für Schulden, die während der Ehe entstehen, haften nur dann beide, wenn beide den betreffenden Vertrag unterzeichnet haben – oder wenn es sich um Ausgaben für tägliche Bedürfnisse der Familie handelt.

Heiraten

DIE EHE LEBEN

Spätestens nach der Rückkehr aus den Flitterwochen fängt er an: der Alltag. Wie Sie ihn gestalten, ist weitgehend Ihnen überlassen. Das Gesetz sagt, was man als Eheleute voneinander erwarten darf, und legt für zentrale Lebensbereiche Minimalstandards fest. Auf den folgenden Seiten finden Sie diese rechtlichen Grundlagen, aber auch Anregungen, wie Sie mit den alltäglichen Reibungsflächen umgehen und die Beziehung spannend gestalten können.

MANN UND FRAU SIND GLEICHBERECHTIGT

Im Gesetz finden Sie sozusagen den rechtlichen Knigge fürs Eheleben. Der Leitgedanke: Mann und Frau sind gleichberechtigte Ehepartner. Mit der Heirat lassen sich Mann und Frau auf einen gemeinsamen Alltag ein. Laut Gesetz sind sie beide verpflichtet, das Wohl ihrer Gemeinschaft und ihrer Kinder in einträchtigem Zusammenwirken zu wahren.

So der Tenor im Gesetz. Ein Schiff mit zwei Kapitänen bleibt aber nur so lange auf gutem Kurs, wie die beiden sich permanent absprechen. Und Wünsche und Erwartungen können nur erfüllt werden, wenn der Liebste, die Liebste sie auch kennt. Und nein, liebe Frauen, er sieht es Ihnen nicht an der Nasenspitze an, dass Sie heute lieber nicht ins Kino gehen oder dass Sie sich nerven, weil er sich weniger im Haushalt engagiert.

Dass das Gesetz den Eheleuten gleiche Rechte und Pflichten zuteilt, bedeutet nicht, dass nun beide punkto Kindererziehung, Haushalt und Geldverdienen je einen 50-Prozent-Job machen müssen. Das gäbe ja auch nur halbe Sachen! Wie Sie sich organisieren, ist Ihnen überlassen. Wichtig ist, dass Sie beide zusammen die Spielregeln aufstellen und diese, wenn sich die Lebensumstände ändern, wieder anpassen. Beim Aufstellen von Regeln ist man aber oft froh über grobe Leitplanken; diese finden Eheleute in den Artikeln 159 bis 170 ZGB, eingetragene Partnerinnen oder Partner in den Artikeln 12 bis 16 PartG.

Das Leitprogramm der Ehe

Die Ehe lässt sich definieren als umfassende, auf Dauer ausgerichtete Lebensgemeinschaft zwischen Mann und Frau, und zwar in dreifacher Hinsicht: seelisch-geistig, sexuell und wirtschaftlich. Wird die Ehe für alle angenommen, gilt das natürlich auch für Mann und Mann sowie Frau und Frau.

👁 **Bei der standesamtlichen Trauung** von Nicole G. und Samer Y. liest die Zivilstandsbeamtin dem Brautpaar Artikel 159 ZGB vor, denn darin sei das Rezept für eine erfolgreiche Ehe enthalten:
1. Durch die Trauung werden die Ehegatten zur ehelichen Gemeinschaft verbunden.
2. Sie verpflichten sich gegenseitig, das Wohl der Gemeinschaft in einträchtigem Zusammenwirken zu wahren und für die Kinder gemeinsam zu sorgen.
3. Sie schulden einander Treue und Beistand.

Tatsächlich basiert das ganze Eherecht auf den beiden in diesem Artikel enthaltenen Grundregeln: einträchtig zum Wohl der Gemeinschaft zusammenwirken und sich Treue und Beistand leisten. Das klingt simpel. Was aber heisst es im Alltag?

§ **GESETZESTEXT** Art. 159 ZGB

Am selben Strick ziehen
Alle für die Familie wichtigen Entscheidungen müssen Sie gemeinsam fällen. Jede Seite muss die Wünsche und Bedürfnisse der anderen respektieren und auch mal einen Kompromiss eingehen.

👁 **Michael S. würde sehr gerne** das Angebot seines Chefs annehmen, eine Filiale in Singapur aufzubauen. Seine Frau Silvia befürchtet, dass sie das feuchtwarme Klima dort nicht verträgt, und möchte auch den Kindern keinen Schulwechsel zumuten. Die Eheleute entscheiden sich, in der Schweiz zu bleiben. Die Gesundheit seiner Frau und das Wohl der Kinder sind Michael S. wichtiger als die berufliche Herausforderung.

👁 **Christoph O. verdient gut,** ist in seinem Beruf aber total unglücklich. Er möchte deshalb eine zweijährige Umschulung machen. Er und seine Frau Noemi beschliessen, sich vorübergehend einzuschränken, damit Christoph O. seinen Traumberuf erlernen kann.

§ **GESETZESTEXT** Art. 167 ZGB

👁 **Sabine N. möchte Kinder.** Ihr Mann Sandor hat noch gar nicht darüber nachgedacht. In vielen Gesprächen kommen beide zum Schluss, dass sie jetzt Eltern werden wollen und Frau N. die Pille absetzt.

Gemeinsame Verantwortung für die Kinder
Für die Kinder zu sorgen und sie zu erziehen, ist die gemeinsame Aufgabe von Mutter und Vater. Bis 1988 schob das Gesetz noch der Ehefrau die Hauptverantwortung für Haushalt und Kindererziehung zu. Heute wird der

Vater nicht mehr auf die Rolle des Ernährers reduziert. Trotzdem ist es in den meisten Familien immer noch so, dass der Vater mehrheitlich einer Erwerbstätigkeit nachgeht und die Mutter sich zur Hauptsache um die Kinder kümmert. Mit gemeinsamer Erziehungsverantwortung ist auch nicht gemeint, dass jeder Elternteil gleich viel Zeit mit den Kindern verbringen muss. Mutter und Vater sollen sich aber über ihre Erziehungsmethoden absprechen und wichtige Entscheide für die Kinder gemeinsam fällen.

An der Familien-Hotline des Beobachters hört man oft Sätze wie: «Ich war halt nur Hausfrau», oder: «Ich habe mich nur um die Kinder und den Haushalt gekümmert.» Was heisst da «nur»! Den Haushalt zu managen und die Kinder zu betreuen, das ist ein Fulltime-Job. Und das Gesetz betrachtet diese Aufgaben als gleichwertige Beiträge an den Unterhalt der Familie wie die Geldzahlungen aus dem Einkommen oder Vermögen. Wer also bei Ihnen das Geld nach Hause bringt, leistet nicht mehr oder Besseres als die Hausfrau respektive der Hausmann (sollte es allerdings zur Scheidung kommen, birgt die Rolle der «Nur»-Hausfrau Nachteile, siehe Seite 143).

§ **GESETZESTEXT** Art. 159 ZGB

Treu sein

Ein Seitensprung ist schon lange nicht mehr strafbar und heute auch kein rechtlich relevanter Scheidungsgrund mehr. Trotzdem versteht das Eherecht unter Treue nach wie vor, dass die Eheleute monogam leben. Diese Verpflichtung lässt sich aber nur freiwillig erfüllen. Und selbstverständlich müssen Sie dieses gesetzliche Signal nicht beachten, wenn Sie lieber eine «freie Ehe» führen.

Treu sein heisst auch loyal sein. Wer zum Beispiel den Partner vor seinen Freunden rüffelt oder Privates ausplaudert, verletzt die ehelichen Pflichten. Eheliche Treue meint zudem Rücksichtnahme. Aus diesem Grund haben Eheleute vor Gericht ein Zeugnisverweigerungsrecht.

Auch bei der Ausübung des Berufs oder einer selbständigen Erwerbstätigkeit fordert das Eherecht Rücksichtnahme auf die Familie. So muss der Familienvater unter Umständen den Traum vom eigenen Geschäft auf einen späteren Zeitpunkt verschieben, wenn die Familie auf seinen geregelten Lohn angewiesen ist.

Beistand leisten

Bei der kirchlichen Hochzeit verspricht sich das Brautpaar, in guten wie in schlechten Zeiten zusammenzustehen. Nichts anderes meinen das ZGB und das PartG mit «Beistand leisten». Konkret darf jeder Ehepartner vom anderen einerseits Rat

I wie Inventar:
Wem gehört was?

Der beste Ehevertrag versagt, wenn man im Ernstfall nicht beweisen kann, wem welche Sachen gehören. Wenn Sie wertvolle Gegenstände in die Ehe mitbringen, können Sie von Ihrer Ehefrau, Ihrem Mann ruhig die Aufnahme eines Inventars verlangen. Wird dieses in einer öffentlichen Urkunde – also von einer Notarin oder einer anderen Urkundsperson – erstellt, hat es sogar besondere Beweiskraft. Natürlich sollte man das Inventar dann regelmässig aktualisieren.

und aktive Unterstützung in Lebenskrisen erwarten, anderseits gehört auch finanzielle Hilfe dazu. Diese finanzielle Beistandspflicht besteht auch, wenn Sie im Ehevertrag die Gütertrennung vereinbart haben. Reichen zum Beispiel die Mittel Ihres Partners, Ihrer Partnerin nicht aus, um den Aufenthalt im Pflegeheim zu bezahlen, müssen Sie – so weit zumutbar – mit Ihrem Einkommen und Vermögen aushelfen.

§ GESETZESTEXT Art. 163 ZGB

Tim V. wird arbeitslos. Die Arbeitslosenkasse zahlt 80 Prozent seines bisherigen Lohnes. Seine Frau steuert nun mehr von ihrem Einkommen an die Haushaltskosten bei, damit Herr V. weiterhin die Alimente für seine Kinder aus erster Ehe zahlen kann.

Sonja W., Hausfrau, ist in eine hässliche Erbstreitigkeit verwickelt. Da sie keine eigenen Mittel hat, übernimmt ihr finanzkräftiger Ehemann vorläufig die Anwaltskosten. Frau W. zahlt diesen Vorschuss zurück, sobald sie ihr Erbe erhalten hat.

Sandro C.s betagte Mutter kann nicht mehr allein wohnen. Da sie erst in drei Monaten einen Platz im Altersheim hat, nehmen Herr und Frau C. sie vorübergehend bei sich auf.

Ein Ehepaar – zwei Persönlichkeiten
In der Rechtsgemeinschaft Ehe muss sich keiner für den anderen aufopfern. Die Treue- und Beistandspflicht geht nur so weit, wie Hilfeleistungen zumutbar sind. Wo die Grenze liegt, lässt sich allgemein kaum definieren. Es kommt immer auf den Einzelfall an. Kein Ehegatte muss zum Beispiel seine ganze Altersvorsorge für den anderen opfern, und niemand ist verpflichtet, den Ehemann, die Frau Tag und Nacht zu pflegen.

Ihre Persönlichkeitsrechte geben Sie also beim Zivilstandsamt nicht ab. Insbesondere bestimmen Sie auch weiterhin allein über medizinische Eingriffe an Ihrem Körper oder über eine Heilbehandlung. Zwar beschliessen Mann und Frau gemeinsam, ob sie Kinder wollen oder verhüten. Letztlich entscheidet die Frau aber selbständig, ob sie die Pille nimmt, und nur der Mann kann gültig in seine Sterilisation einwilligen. Für eine künstliche Befruchtung verlangt das Gesetz über die medizinische Fortpflanzung die Zustimmung beider Eheleute.

GUT ZU WISSEN Eingetragenen Partnern oder Partnerinnen ist die medizinische Fortpflanzung in der Schweiz ausdrücklich verboten. Das ändert sich, wenn die Ehe für alle vom Volk angenommen wird.

Auch religiöse Fragen wie den Austritt aus der Kirche oder den Beitritt zu einer anderen Glaubensgemeinschaft entscheidet jeder von Ihnen für sich.

Einschränkungen in Ihrer persönlichen Entfaltung müssen Sie sich aber immer dann gefallen lassen, wenn dies aus Rücksicht auf Ihren Partner, Ihre Partnerin geboten ist: zum Beispiel bei der Wahl der Familienwohnung, bei der Aufgabe der Arbeitsstelle oder bei einem Berufswechsel.

Wer macht was im Haushalt?

Die Frauen leisten auch im 21. Jahrhundert immer noch deutlich mehr im Haushalt als die Männer. Das ist so lange kein Problem, wie es beiden dabei wohl ist. Und wie halten Sie es mit der Hausarbeit? Haben Sie abgemacht, dass beide Haushaltsarbeiten übernehmen? Die folgende Tabelle soll Ihnen helfen zu definieren, was Sie beide unter Haushaltsarbeit verstehen, und Ihre Arbeitsbelastung realistisch einzuschätzen. Am besten füllen Sie die Tabelle unabhängig voneinander aus und vergleichen dann die Resultate.

DEN WÖCHENTLICHEN ARBEITSAUFWAND IM HAUSHALT BESTIMMEN

Arbeit	Aufwand Ehefrau	Aufwand Ehemann
Einkaufen		
Kochen		
Abwaschen und Küche aufräumen		
Wohnung aufräumen und putzen		
Waschen		
Bügeln		
Handwerkliches, Handarbeiten		
Müll, Glas, Metall, Kompost entsorgen		
Haustiere betreuen		
Pflanzen pflegen, Gartenarbeit		
Weitere Arbeiten in Ihrem Haushalt		
Aufwand pro Woche total		

Wir leisten uns eine Putzfrau

Vor allem wenn Sie beide intensiv berufstätig sind, ist eine Putzhilfe Gold wert. Sie genieren sich, wenn jemand anderes Ihren Dreck wegputzt? Schauen Sie das Ganze doch mal aus einem anderen Blickwinkel an: Wer eine Putzfrau anstellt, schafft einen Arbeitsplatz und hilft so mit, die Wirtschaft in Schwung zu halten!

Darum, wenn das Budget es zulässt: Leisten Sie sich eine Putzfrau! Für einen durchschnittlichen Zweipersonenhaushalt müssen Sie mit rund drei bis vier Stunden wöchentlicher Putzarbeit rechnen, was auf 300 bis 400 Franken pro Monat zu stehen kommt. Achten Sie aber darauf, dass Ihre Putzfrau eine Arbeitsbewilligung hat, und dulden Sie keine Schwarzarbeit. Das bisschen Papierkram zahlt sich aus. Und das braucht es dazu:

- Schriftlicher Arbeitsvertrag (siehe nächste Seite)
  → Zeitaufwand: 15 Minuten
- Versicherung gegen Betriebsunfall. Kosten: 100 Franken pro Jahr. Die Versicherung schliessen Sie bei einem privaten Unfallversicherer ab. Diese haben eigens dafür zugeschnittene Policen.
  → Zeitaufwand für die telefonische Bestellung, Durchsicht der Police und Unterschrift: 20 Minuten
- Anmeldung bei der AHV. Details erhalten Sie bei der kantonalen AHV-Ausgleichskasse.
  → Zeitaufwand: 30 Minuten
- Einmal jährlich die AHV-Beiträge abrechnen und den Lohnausweis für die Steuern ausfüllen. Für beides gibt es Formulare.
  → Zeitaufwand: je 15 Minuten
- Einmal monatlich die Lohnabrechnung erstellen
  → Zeitaufwand: 5 Minuten

Für Hausangestellte besteht ein vom Kanton herausgegebener Normalarbeitsvertrag (NAV) mit Bestimmungen über den Abschluss, den Inhalt und die Beendigung des Arbeitsverhältnisses. Diese Bestimmungen gelten auch für Ihre Anstellung einer Putzkraft, Sie können sie aber im Arbeitsvertrag abändern und präzisieren. Den NAV erhalten Sie bei der kantonalen Verwaltung.

GUT ZU WISSEN Seit dem 1. Januar 2011 gelten für die ganze Schweiz Mindestlöhne, aktuell sind es zwischen Fr. 19.20 pro Stunde für Ungelernte ohne Berufserfahrung und Fr. 23.20 pro Stunde für gelernte Hausangestellte mit eidgenössischem Fähigkeitsausweis (gültig bis Dezember 2022). Weitere Informationen finden Sie beim Staatssekretariat für Wirtschaft (Seco). Die meisten bezahlen ihrer Reinigungskraft einen Stundenlohn zwischen 27 und 35 Franken.

LINK
Kantonale Ausgleichskassen
www.ahv-iv.ch
(→ Kontakte)

LINK
Normalarbeitsverträge
www.seco.admin.ch
(→ Arbeit → Personenfreizügigkeit und Arbeitsbeziehungen → Normalarbeitsverträge)

ARBEITSVERTRAG FÜR DIE PUTZFRAU

In Abänderung des kantonalen Normalarbeitsvertrags vereinbaren wir, was folgt:

Frau Maria S. putzt unsere Wohnung jeden Dienstag während drei Stunden. Während ihrer Ferien sowie während der Ferien des Arbeitgebers fallen die Putztage entschädigungslos aus. Der Ferienlohn für diese Zeit wird mit dem laufenden Lohn ausgezahlt.

Frau S. erhält folgenden Lohn:
- Lohn pro Stunde   Fr. 27.00
- Ferienentschädigung (entspricht 5 Wochen Ferien)   Fr. 2.85
- Bruttolohn   Fr. 29.85
- Abzüglich AHV/ IV/ALV/ EO (6,4 %)   −Fr. 1.90
- Auszuzahlender Nettolohn (gerundet)   Fr. 28.00

Kann Frau S. wegen Krankheit oder Unfall nicht arbeiten, erhält sie den Lohn nach den Bestimmungen des Obligationenrechts weitergezahlt (Art. 324a/b OR). Auch im Übrigen gelten ausschliesslich die Bestimmungen des Obligationenrechts.

Frau S. hat folgendes Pflichtenheft:
- Jede Woche
  - Bad und WC: Badewanne, Lavabo und WC reinigen, Boden feucht aufnehmen
  - Küche: Küchenabdeckung und Schränke aussen reinigen, Herdplatte und Schüttstein reinigen, Boden feucht aufnehmen
  - Übrige Zimmer: abstauben und staubsaugen
- Einmal pro Monat
  - Küche: Kühlschrank putzen
  - Übrige Zimmer: Parkettböden feucht aufnehmen
- Einmal pro Jahr (nach Absprache)
  - Alle Zimmer: Fenster putzen
  - Küche: Backofen reinigen

Köniz, 17. März 20zz

Hermann U.   Maria S.

Ehekrisen bewältigen

Jede Ehe kann einmal in Schieflage geraten. Studien belegen, dass viele Paare ihre Beziehungsprobleme zwar erkennen, sie meist aber nicht rechtzeitig angehen oder sich ungeschickt verhalten. Das ist nicht weiter verwunderlich. Schliesslich hatten wir alle kein Schulfach «Partnerschaftsprobleme und wie man sie meistert».

Zeichnen sich in Ihrer Ehe Schwierigkeiten ab, lohnt es sich, frühzeitig Unterstützung von Fachleuten zu holen. Zugegeben, auf den ersten Blick mag das Arbeiten an den Beziehungsproblemen mühsamer erscheinen als eine Trennung oder Scheidung. Aber was haben Sie zu verlieren? Und entscheiden Sie sich dann doch dazu, auseinanderzugehen, wird die Beziehungsarbeit, die Sie geleistet haben, den Trennungsprozess zumindest erleichtern.

Professionelle Hilfe einschalten

In der Schweiz wird rund jede zweite Ehe geschieden. Wenn es in Ihrer Ehe kriselt, muss dies aber nicht zwangsläufig zur Scheidung führen. Die meisten Schwierigkeiten lassen sich durch Kooperation und eine gute Gesprächskultur meistern. Diese Fähigkeiten sind zwar nicht angeboren, doch Sie können sie mithilfe von Fachpersonen erlernen. Probieren Sie es!

TIPP In Fachkreisen wird immer wieder betont, wie wichtig es sei, sich frühzeitig Hilfe zu holen. Je länger ein Konflikt schwelt, umso schwieriger wird es, die Ehe zu retten.

Unterstützungsangebote können wenige Wochen bis mehrere Monate dauern, je nach Bedarf. Ein Erstgespräch kostet meist nur einen geringen Betrag oder ist gar kostenlos. Viele Beratungsstellen passen ihre Tarife zudem den finanziellen Möglichkeiten der Familie an.

TIPP Prüfen Sie verschiedene Angebote. Fragen Sie nach der Ausbildung, der Praxiserfahrung und den voraussichtlichen Kosten. Vertrauen Sie beim ersten Gespräch auch auf Ihr Bauchgefühl: Stimmt die Chemie zwischen der Beratungsperson und Ihnen beiden nicht auf Anhieb, sind Sie noch nicht am richtigen Ort. Die Adresse der nächstgelegenen Ehe- und Familienberatungsstelle erfahren Sie auf Ihrer Gemeinde.

Streit ums Geld? Ab zur Budgetberatung!

Viele Konflikte unter Eheleuten entzünden sich am lieben Geld. Das Gesetz schreibt Ihnen nicht vor, wie Sie haushalten müssen. Es setzt auf die Eigenverantwortung. Sie und Ihre Frau, Ihr Mann müssen also gemeinsam über das Haushaltsbudget inklusive Taschengeld oder über die Sparquote be-

---

BUCHTIPP

Beobachter-Ratgeber:
Beziehungskrisen meistern!
Trennen oder bleiben?
www.beobachter.ch/buchshop

LINK
Beratung und Musterbudget
www.budgetberatung.ch

BUCHTIPP
Beobachter-Ratgeber:
Clever mit Geld umgehen. Budget, Sparen, Wege aus der Schuldenfalle.
www.beobachter.ch/buchshop

stimmen. Nützlich sind dabei die Musterbudgets von Budgetberatung Schweiz. Bei dieser Organisation erhalten Sie auch eine kostengünstige persönliche Beratung.

Der grosse Vorteil dabei: Die Fachleute sind neutral und zwingen keinem von Ihnen etwas auf. So lässt sich die eine oder andere Seite auch leichter überzeugen, es doch mal auf diesem Weg zu versuchen. Selbstverständlich können Sie sich auch allein an eine Budgetberatung wenden.

Hilfe vom Eheschutzgericht

Nicht immer lässt sich ein Konflikt mit unbürokratischen Mitteln lösen. Braucht es einen verbindlichen Entscheid, haben Mann und Frau jederzeit die Möglichkeit, sich an das Eheschutzgericht im Wohnkanton zu wenden. Doch vorab gleich die ungeschminkte Wahrheit: Auch das Gericht hat keine Patentlösung für alle Ihre Eheprobleme. Bei gewissen Streitpunkten kann es aber immerhin verbindliche Entscheide treffen.

Als Eheschutzgericht amten die Gerichte erster Instanz, in Zürich zum Beispiel die Bezirksgerichte, in Solothurn die Richterämter, in St. Gallen die Kreisgerichte. Das Eheschutzverfahren ist ein Gerichtsverfahren. Es gibt also wie in anderen Prozessen eine förmliche Vorladung für beide Eheleute, an einem bestimmten Termin vor Gericht zu erscheinen. Ein Ehegatte hat die Rolle des Klägers, der andere diejenige des Beklagten. Stören Sie sich nicht daran. Das hat nichts mit einer Anklage zu tun, Parteien vor Gericht heissen einfach so. Auf Antrag jedes Ehegatten kann das Gericht insbesondere

- die Geldbeträge festlegen, die jede Seite aus ihren finanziellen Mitteln an die Haushaltskosten beitragen muss,
- den Betrag zur freien Verfügung für den haushaltsführenden Ehegatten bestimmen,
- einen Ehegatten zur Auskunft über seine Einkommens- und Vermögensverhältnisse verpflichten (wenn nötig müssen auch Dritte, zum Beispiel Banken, dem Gericht Auskunft erteilen),
- einer Seite die Befugnis zur Vertretung der ehelichen Gemeinschaft entziehen,
- Massnahmen zur finanziellen Sicherung der Familie treffen, zum Beispiel eine Konten- oder Grundbuchsperre veranlassen,
- Kindesschutzmassnahmen, zum Beispiel die Bestellung eines Beistands, anordnen.

GUT ZU WISSEN Geldleistungen kann das Eheschutzgericht nicht nur für die Zukunft, sondern auch für maximal ein Jahr rückwirkend festlegen. Das lässt Ihnen Raum, zuerst eine aussergerichtliche Lösung zu suchen, zum Beispiel bei der Budgetberatung. Wenn alle Stricke reissen, können Sie sich immer noch ans Gericht wenden.

LINK
Zuständiges Gericht
www.zivilgerichte.ch
(im Suchfeld Gemeinde eingeben)

Die Richterin kann nicht alles richten

Die meisten ehelichen Pflichten – etwa loyal sein oder Rücksicht nehmen – lassen sich nur freiwillig erfüllen. Zwar kann man sich auch in einem solchen Konfliktfall ans Eheschutzgericht wenden. Doch die Richterin kann Verheiratete nur an ihre Pflichten erinnern und ermahnen, diese Mahnung aber nicht mit einer Sanktion, zum Beispiel einer Busse, verbinden. Gibt die Ehefrau ihre ehewidrige Beziehung zum Fitnesstrainer trotz richterlicher Ermahnung nicht auf oder kehrt der Ehemann nicht in die Familienwohnung zurück, ist nichts zu machen. Der andere Ehegatte muss dann selber entscheiden, ob und wie er auf die Pflichtverletzung reagiert.

§ **GESETZESTEXT** Art. 172–174 ZGB

Häusliche Gewalt

Leider kommt sie vor, Gewalt in der Partnerschaft. Aus der Zeitung erfährt man meist nur von Fällen, in denen die häusliche Gewalt in schwerer Körperverletzung oder gar Tötung gipfelte. Daneben gibt es aber auch wirtschaftliche, psychische und sexuelle Formen häuslicher Gewalt, zum Beispiel, indem eine Seite die andere schikaniert, ihr das nötige Geld vorenthält oder sie von ihrem Umfeld isoliert.

Gewalt ist in jeder Form inakzeptabel. Und dass das Opfer die Schläge provoziert habe oder dass die Hand bloss ausgerutscht sei, das sind nichts als feige Ausreden. Allein verantwortlich ist immer derjenige, der Gewalt ausübt. Nie sein Opfer! Und wer einmal zuschlägt, tut es meist wieder – allen gegenteiligen Beteuerungen zum Trotz.

Es gibt auch Frauen, die ihre Männer prügeln. Sie sind jedoch in der Minderheit. Meist sind die Frauen Opfer. In jüngster Zeit werden vermehrt Anstrengungen unternommen, gegen Gewalt in der Partnerschaft vorzugehen. Das Allerwichtigste ist aber, dass Täter und Opfer das Thema nicht totschweigen und sich sofort fachliche Hilfe holen.

Strafbare Handlungen

Sexuelle Nötigung, Tätlichkeiten bis hin zum Tötungsdelikt sind strafbare Handlungen. Je nach Delikt drohen Bussen oder langjährige Freiheitsstrafen. Jede Art von häuslicher Gewalt wird von Amtes wegen verfolgt. Das heisst, dass die Justizbehörde in jedem Fall tätig werden muss, wenn sie von einem solchen Delikt erfährt.

Auch das Zivilgesetzbuch enthält Bestimmungen zum Schutz der Opfer. Das Gericht kann einen gewalttätigen Ehegatten vorübergehend aus der gemeinsamen Wohnung ausweisen und ihm verbieten,

J wie Ja sagen:
Wann gilt es ernst?

Bei der Trauung gilt das gesprochene Wort. Die Zivilstandsbeamtin fragt Braut und Bräutigam im Beisein der beiden Trauzeugen je einzeln, ob sie die Ehe mit dem respektive der anderen eingehen wollen. Sagen beide Ja, gilt die Ehe bereits als geschlossen.

die unmittelbare Umgebung der Wohnung zu betreten oder sich dem Opfer zu nähern und mit ihm Kontakt aufzunehmen. Ist eine sofortige Wegweisung aus der Wohnung nötig, kann dies je nach Kanton auch die Polizei oder eine andere Spezialbehörde anordnen. Opfern – und auch Tätern – stehen Informations- und Beratungsstellen zur Verfügung, um häusliche Gewalt zu vermeiden und Rückfälle gewalttätiger Personen zu verhindern.

§ GESETZESTEXT
Art. 28b ZGB

Opferhilfe
Opfer häuslicher Gewalt haben oft Angst oder schämen sich gar. Wichtig ist, sofort Hilfe zu holen, zum Beispiel:
- in bedrohlichen Situationen die Polizei rufen,
- zur Freundin oder in ein Frauenhaus flüchten,
- bei körperlicher Misshandlung die Ärztin aufsuchen,
- Strafanzeige bei der Polizei einreichen,
- sich an eine kostenlose Beratungsstelle wenden.

Opfer häuslicher Gewalt haben Anspruch auf kostenlose Beratung, Information und Begleitung durch eine **Opferhilfestelle.** Bei diesen Stellen erhalten sie rechtliche, psychische oder materielle Unterstützung. Die Beratungsstelle kann zum Beispiel einen Anwalt organisieren, um beim Gericht eine vorübergehende Ausweisung des gewalttätigen Ehepartners aus der gemeinsamen Wohnung zu erreichen. Daneben gibt es auch andere Soforthilfe, etwa eine Krisenintervention durch eine Psychotherapeutin oder eine ärztliche Abklärung. Ist weitere Hilfe nötig, beispielsweise eine Psychotherapie oder eine längere anwaltliche Vertretung, vermittelt die Opferhilfestelle geeignete Adressen. Die Kosten werden von der Opferhilfe übernommen, wenn die persönlichen und finanziellen Verhältnisse des Opfers es erfordern.

§ GESETZESTEXT
Art. 1 ff. OHG

Frauen und Kinder, die von Gewalt bedroht sind, können zudem in ein **Frauenhaus** flüchten. Die Frauenhäuser sind rund um die Uhr telefonisch erreichbar. Sie bieten neben einer geschützten Unterkunft auch Beratung und Begleitung an. Die Adressen der Frauenhäuser sind geheim.

GUT ZU WISSEN Die Opferhilfestellen sind auch für Männer da, die Opfer häuslicher Gewalt werden. Weitere Informationen und Anlaufstellen finden Sie im Anhang und im Internet.

§ LINKS

Opferhilfestellen
www.opferhilfe-schweiz.ch

Kriminalprävention
www.skppsc.ch
(→ Fokus Gewalt)

Frauenhäuser
www.frauenhaus-schweiz.ch

Täterhilfe
www.agredis.ch

Täterhilfe
Viele Männer, die Gewalt ausüben, wollen das eigentlich gar nicht. Trotzdem passiert es. Holen Sie sofort Hilfe bei einer Beratungsstelle für gewalttätige Männer. Die Beratungen sind vertraulich. Adressen finden Sie im Anhang sowie im Internet.

RECHTSGESCHÄFTE VON EHELEUTEN

Zwar sind Sie und Ihr Partner, Ihre Partnerin durch die Heirat eine Gemeinschaft geworden. Das ändert aber nichts daran, dass beide Seiten allein und selbständig Verträge abschliessen und Verpflichtungen eingehen können. Und entgegen einem weitverbreiteten Irrglauben führen nur bestimmte Rechtsgeschäfte des einen Ehegatten zur solidarischen Haftung des anderen.

Wer handlungsfähig ist, kann selber gültig Rechtsgeschäfte abschliessen. In der Regel sind Sie und Ihr Partner, Ihre Partnerin allein handlungsfähig. Nur in folgenden Fällen brauchen Sie gegenseitig die Zustimmung des anderen:

- Bei Rechtsgeschäften über die **Familienwohnung,** also bei einem Verkauf, einer Schenkung, der Begründung eines Wohnrechts, aber auch bei Vermietung oder Untervermietung; dabei spielt es keine Rolle, wem die Wohnung gehört oder wer sie gemietet hat.
- Wenn Sie eine **Bürgschaft** eingehen
- Wenn Sie Ihr **Pensionskassenguthaben** beziehen wollen, zum Beispiel für Wohneigentum, den Aufbau einer eigenen Firma oder beim Kapitalbezug anlässlich der Pensionierung
- Für die Veräusserung des eigenen Anteils an **Miteigentum,** zum Beispiel an der gemeinsamen Ferienwohnung oder am Auto
- Für den Verkauf eines **landwirtschaftlichen Gewerbes,** wenn Sie es gemeinsam bewirtschaften

Keine Zustimmung Ihres Ehemanns, Ihrer Frau brauchen Sie, wenn Sie «Verträge auf Pump» abschliessen, zum Beispiel einen Abzahlungs-, Leasing- oder Kreditkartenvertrag. Sie haften aber auch ganz allein für die Verpflichtungen aus einem solchen Vertrag.

§ | **GESETZESTEXT**
Art. 168, 169 ZGB

Verträge mit dem Ehemann, der Ehefrau

Eheleute können auch untereinander Verträge abschliessen. Die Frau kann zum Beispiel ihrem Mann ein Darlehen gewähren, er kann ihr sein Auto schenken oder ihr die Vermögensverwaltung anvertrauen.

Eine Besonderheit gilt für alle Verträge unter Eheleuten: Die Verjährung steht während der Ehe still. Solange Sie verheiratet sind, spielt es also keine Rolle, wann Sie von Ihrer Partnerin die Erfüllung der vertraglichen Pflichten einfordern. Sie können zum Beispiel auch nach 20 Jahren eine geliehene Geldsumme eintreiben – obwohl die Verjährungsfrist ansonsten zehn Jahre beträgt. Es ist auch nicht verboten, den Ehepartner während der Ehe für seine Schulden zu betreiben. Würde allerdings das Wohl der Familie gefährdet, kann der Schuldner beim Eheschutzgericht vorübergehend eine Stundung verlangen.

ACHTUNG Verträge über das eheliche Vermögen sind nur im Rahmen des ehelichen Güterrechts möglich. Eheleute können also nur zwischen der Errungenschaftsbeteiligung, der Gütertrennung und der Gütergemeinschaft wählen. Eigenkreationen sind ungültig. Mehr zum Ehevertrag und zum Vermögensvertrag bei eingetragenen Partnerschaften finden Sie auf Seite 107 und 108.

Die eheliche Gemeinschaft vertreten

Grundsätzlich müssen Sie für vertragliche Verpflichtungen Ihrer Ehefrau, Ihres Mannes nicht einstehen. Sonderregeln gelten, wenn es um die Bedürfnisse der Familie geht. Für solche Geschäfte haben Eheleute eine sogenannte Vertretungsbefugnis; beide werden durch die Handlungen des einen gemeinsam berechtigt und solidarisch verpflichtet. Spürbare Auswirkungen hat die solidarische Verpflichtung der Eheleute nur bei Geschäften, die nicht sofort bezahlt werden, zum Beispiel bei der Arztrechnung oder bei laufenden Ausgaben wie den Krankenkassenprämien.

§ GESETZESTEXT
Art. 166 ZGB

Laufende Bedürfnisse der Familie
Für die laufenden Bedürfnisse der Familie kann jeder Ehegatte den andern solidarisch verpflichten. Zu den laufenden Bedürfnissen gehören die notwendigen und üblichen Rechtsgeschäfte für den täglichen Unterhalt der Familie. Einige Beispiele:
- Lebensmittel, Kleidung oder kleinere Haushaltswaren
- Kleinere Reparaturen
- Übliche Auslagen für die Gesundheit wie die Prämien und die Franchise der Krankenkasse

Ob auch der Mietzins für die Familienwohnung zu den laufenden Bedürfnissen gehört, ist unter Juristen umstritten.

ACHTUNG Sobald sich ein Ehepaar trennt, gelten die Sonderregeln für die Vertretung der ehelichen Gemeinschaft automatisch nicht mehr. Bleibt der Ehemann zum Beispiel die Prämien schuldig, kann die Krankenkasse seine getrennt lebende Frau nicht belangen.

SOLIDARHAFTUNG

Solidarisch haften heisst, dass jede Seite einzeln für die ganze ausstehende Schuld belangt werden kann. Die Gläubigerin kann sich aussuchen, von wem sie die Ausstände fordert. Sie darf die Schuld auf Mann und Frau aufteilen, kann sich aber auch einfach an den zahlungskräftigeren Ehepartner halten. Abmachungen unter den Eheleuten können der Gläubigerin völlig egal sein. Auch die Gütertrennung hat keinen Einfluss auf die Solidarhaftung.

Nicht alltägliche Bedürfnisse der Familie

Zu den nicht alltäglichen Bedürfnissen gehört zum Beispiel: die Heizung reparieren lassen, eine Ferienreise für die Familie buchen, ein Familienauto kaufen oder leasen. In diesem Bereich wird ein Ehegatte durch die Handlung des anderen nur in folgenden Fällen mitverpflichtet:
- wenn er den anderen zum Geschäft ermächtigt hat,
- wenn er den anderen zwar nicht ermächtigt hat, aber das Gericht die fehlende Ermächtigung erteilt,
- wenn dringend gehandelt werden muss, eine Seite aber vorübergehend nicht erreichbar oder nicht ansprechbar ist (zum Beispiel wegen Krankheit oder Abwesenheit).

Reto B. ist knauserig und weigert sich, die defekte Heizung reparieren zu lassen. Der Eheschutzrichter erlaubt seiner Frau Priska, die nötigen Rechtsgeschäfte für eine Sanierung der Heizungsanlage abzuschliessen. Die Argumente des Ehemanns, die alte Heizung schaffe es ja immer noch, die Wohnräume auf 17 Grad zu erwär-

K wie Kapitän:
Darf er Passagiere trauen?

Auch wenn sich das Gerücht hartnäckig hält: Flug- oder Schiffskapitäne können ihre Passagiere nicht rechtlich verbindlich trauen. Symbolische Trauungen sind erlaubt. Wollen Sie unbedingt richtig vor einem Kapitän heiraten, ist das auch auf einem Kreuzfahrtschiff eines deutschen Reiseanbieters möglich. Der Kapitän dort darf gültige Trauungen nach maltesischem Recht vornehmen. Sprechen Sie sich aber vorher mit dem Zivilstandsamt ab, auf welche Weise Sie diese Heirat dann in der Schweiz melden müssen.

men, und man könne sich schliesslich auch drinnen warm anziehen, haben nicht überzeugt.

👁 **Jutta F. ist in den Ferien** und für einige Tage nicht erreichbar. Nach heftigen Regengüssen hat eine «Rüfe» die Wohnungstür der Ferienwohnung der Familie eingedrückt. Um weiteren Schaden abzuwenden, muss und darf Ehemann Pius die nötigen Reparaturarbeiten in Auftrag geben.

Entzug der Vertretungsbefugnis

Manchmal kann ein Ehegatte mit der Befugnis, die eheliche Gemeinschaft zu vertreten, nicht vernünftig umgehen. Dann kann das Gericht ihm diese Befugnis auf Antrag der anderen Seite entziehen.

👁 **Gina I. bestellt haufenweise Kleider** aus Versandkatalogen, die sie dann doch nicht trägt. Da Kleider zu den «laufenden Bedürfnissen» gehören, ist auch ihr Ehemann Gregor von diesen Käufen betroffen. Er macht mit seiner Frau ab, dass sie in Zukunft Bestellungen mit ihm abzusprechen hat. Als diese sich nicht an die Abmachung hält, lässt er ihr vom Eheschutzgericht die Vertretungsbefugnis entziehen. Sobald Herr I. den Versandfirmen das Urteil zugestellt hat, muss er nicht mehr für die Rechnungen aufkommen, wenn seine Frau sie nicht bezahlt.

§ **GESETZESTEXT** Art. 174 ZGB

Keine Angst vor Schulden des Partners

Muss ich für Schulden geradestehen, die mein Mann, meine Frau mit in die Ehe gebracht hat? Und was ist, wenn er oder sie später einmal mit dem Geld nicht zurechtkommt? Diese Fragen stellen sich viele Verheiratete.

Normalfall: keine Haftung

Für Schulden aus der Zeit vor der Ehe gibt es keine gemeinsame Haftung. Die Gläubiger der Ehefrau können also nach der Heirat nicht plötzlich auch den Ehemann belangen. Indirekt sind Sie aber natürlich schon betroffen, wenn Ihr Partner, Ihre Partnerin für Schulden betrieben wird und es zu einer Lohnpfändung kommt.

Auch während der Ehe müssen Sie kaum je damit rechnen, Schulden Ihrer «besseren Hälfte» übernehmen zu müssen. Die einzige Ausnahme: Rechnungen für die laufenden Bedürfnisse der Familie, zum Beispiel die Monatsrechnung für online eingekaufte Lebensmittel (siehe Seite 76). Wenn es sich um persönliche Bedürfnisse einer Seite handelt, entsteht keine solidarische Haftung. Das teure Tourenrad muss der Ehemann selber zahlen, und seine Vertragspartner können sich nicht an seine Frau wenden. Auch die Kreditraten der Ehefrau kann das Finanzinstitut nicht beim Mann eintreiben – ausser natürlich, wenn er den Vertrag mitunterschrieben hat.

§ **GESETZESTEXT**
Art. 166 Abs. 3 ZGB

Sonderregeln bei den Steuern

Die Eheleute haften grundsätzlich solidarisch für den gesamten Steuerbetrag. Dies gilt auch bei einer Gütertrennung. Immerhin reduzieren einzelne Kantone die Haftung auf den Steueranteil, der dem eigenen Einkommen und Vermögen entspricht, wenn der Ehemann, die Ehefrau offensichtlich zahlungsunfähig ist.

Vollmacht für die Ehepartnerin

Bei den meisten Rechtsgeschäften kann man sich durch eine andere Person vertreten lassen. Diese Person nennt man rechtlich Stellvertreter. Die Rechtswirkungen entstehen dabei nur zwischen der vertretenen Person und dem Vertragspartner. Der Stellvertreter wird persönlich weder berechtigt noch verpflichtet. Diese Regeln gelten auch für Eheleute.

> **Mara A. bittet Ehemann Simon,** ihr Rennvelo zur Reparatur zu bringen. Die Rechnung muss sie selber bezahlen.

Die Vollmacht

Damit man als Stellvertreter handeln kann, braucht es eine Vollmacht. Ob Sie ein Schriftstück benötigen oder ob eine mündliche Vollmacht ausreicht, hängt vom Gutdünken des Vertragspartners ab. Banken bestehen sogar darauf, dass ihre hauseigenen Formulare verwendet werden.

Eine einmal erteilte Vollmacht kann man jederzeit widerrufen. Ist nicht ausdrücklich das Gegenteil vereinbart, wird die Vollmacht zudem ungültig, wenn der Vollmachtgeber handlungsunfähig wird oder stirbt.

ACHTUNG Auch wenn auf der Bankvollmacht steht, dass sie über den Tod hinaus gilt, sperrt die Bank in der Regel das Konto, wenn sie vom Tod ihres Kunden erfährt. Die Sperrung wird erst aufgehoben, wenn Sie einen Erbschein und das Einverständnis aller darauf aufgeführten Personen vorlegen. Das kann mehrere Wochen dauern. Um in einer solchen Situation Engpässe zu vermeiden, ist ein eigenes Konto für jeden Ehepartner ratsam. Nicht gesperrt werden nur gemeinsame sogenannte Und/oder-Konten mit Erbenausschlussklausel.

Unterschieden wird zwischen der Spezial- und der Generalvollmacht (Vorlagen finden Sie im Anhang). Bei der Spezialvollmacht kann der Stellver-

VORLAGEN
Generalvollmacht
Spezialvollmacht

treter nur für die darin aufgeführten Rechtsgeschäfte handeln. Bei der Generalvollmacht darf er alle Rechtsgeschäfte tätigen, ausgenommen sind nur solche, die absolut höchstpersönliche Rechte betreffen. Mit dem Jawort auf dem Standesamt etwa wird ein solches absolut höchstpersönliches Recht ausgeübt. Dabei kann sich kein Mensch gültig vertreten lassen.

GUT ZU WISSEN Um eine Spezialvollmacht handelt es sich zum Beispiel, wenn Verheiratete erzählen, sie hätten «das Bankkärtli vom Mann» oder «die Unterschrift auf dem Konto der Frau».

Ob Sie weitere Vollmachten brauchen, hängt von Ihren individuellen Bedürfnissen und Verhältnissen ab. Möchten Sie für den Notfall vorsorgen, ist eine Generalvollmacht sinnvoll.

Susan M. hat ihre Freundin wegen eines ausstehenden Darlehens betrieben. Weil die Freundin Rechtsvorschlag erhoben hat, muss Frau M. vor Gericht. Mit einer schriftlichen Spezial- oder Generalvollmacht kann ihr Ehemann sie dort vertreten.

Tinka R. ist nach einem Unfall monatelang nicht ansprechbar. Als ein Mieter in Frau R.s Mehrfamilienhaus die Miete nicht mehr zahlt, kann Ehemann Walter dank der Generalvollmacht seiner Frau die nötigen rechtlichen Schritte einleiten. Ohne Vollmacht hätte Herr R. die Kesb einschalten müssen.

Das Vermögen des Ehepartners verwalten
Die Heirat ändert in der Regel nichts an der Vermögensverwaltung von Mann und Frau – jede Seite verwaltet ihr Vermögen wie bisher selber (Ausnahme: die seltene Gütergemeinschaft, siehe Seite 126). Die Heirat verschafft also dem einen Ehegatten nicht plötzlich Zugriff auf die Bankkonten des anderen.

Jede Seite kann aber der anderen die Verwaltung ihres Vermögens anvertrauen. Dann gilt das Auftragsrecht. Überlässt zum Beispiel die Frau ihrem Mann die Vermögensverwaltung, muss er als Beauftragter das Vermögen sorgfältig verwalten und die Weisungen der Auftraggeberin befolgen. Wünscht sie auf keinen Fall den Verkauf ihrer Aktien, muss sich der Vermögensverwalter daran halten. Für unsorgfältiges Handeln schuldet er Schadenersatz. Hat er Auslagen, muss die Auftraggeberin diese übernehmen. Ein Honorar ist aber nur geschuldet, wenn das so abgemacht wurde.

§ GESETZESTEXT
Art. 398 OR

Paul E. kümmert sich um die Verwaltung des Wertschriftendepots seiner Frau Meret. Die damit verbundenen Bankspesen gehen allein zulasten von Frau E.

Selbstverständlich kann Frau E. das Verwaltungsmandat ihres Mannes jederzeit kündigen und /oder seine Unterschriftsberechtigung für ihre Bankkonten und Depots löschen lassen. Der Auftrag zur Vermögensverwaltung erlischt zudem mit dem Tod oder wenn die Auftraggeberin urteilsunfähig wird – es sei denn, auf der Vollmachtsurkunde ist das Gegenteil vermerkt. Die Erben können allerdings auch eine über den Tod hinaus geltende Vollmacht jederzeit widerrufen.

§ **GESETZESTEXT** Art. 34, 35 OR

L wie Liebe: *Ein Muss?*

Die Heirat aus Liebe hat ihre Wurzeln in der Romantik des 18. Jahrhunderts. Vorher war die Ehe meist eine Zweckgemeinschaft, die aus wirtschaftlichen Gründen geschlossen wurde. Es ist auch heute nicht verboten, eine solche Vernunftehe einzugehen. Manche behaupten sogar, solche Verbindungen würden länger halten als eine «Amour fou». Verboten ist nur die Scheinehe – wenn es also nur darum geht, der Braut oder dem Bräutigam eine Aufenthaltsbewilligung zu verschaffen.

FÜREINANDER VORSORGEN

Es gibt gute Zeiten und es gibt schlechte Zeiten. Aber hoffen wir nicht insgeheim stets, dass der Kelch an uns vorübergeht? Nichts gegen eine positive Lebenseinstellung! Mit einer optimalen Vorsorge können Sie die Folgen eines Schicksalsschlags abfedern.

Zu unterscheiden ist dabei die Vorsorge, solange Sie beide noch leben und die Vorsorge im Todesfall. Für beide Lebensphasen stehen Ihnen spezielle Vorsorgeinstrumente zur Verfügung.

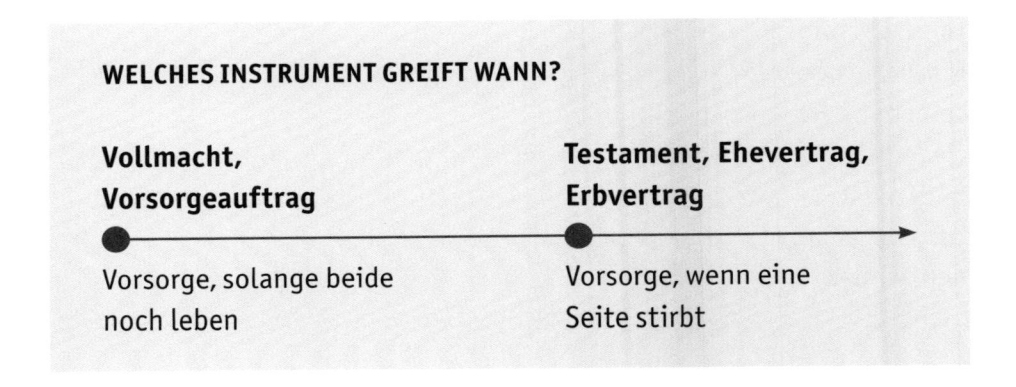

WELCHES INSTRUMENT GREIFT WANN?

Vollmacht, Vorsorgeauftrag　　　　　**Testament, Ehevertrag, Erbvertrag**

Vorsorge, solange beide noch leben　　　Vorsorge, wenn eine Seite stirbt

Das gesetzliche Vertretungsrecht von Eheleuten

Eheleute können einander auch ohne Vollmacht gültig vertreten, wenn eine Seite nicht mehr urteilsfähig ist. Voraussetzung ist, dass sie in einem gemeinsamen Haushalt leben oder sich regelmässig und persönlich Beistand leisten. Dies zum Beispiel, wenn der Ehemann wegen schwerer Demenz im Heim gepflegt werden muss und die Ehefrau sich um alles andere kümmert.

Das gesetzliche Vertretungsrecht gilt für alle Rechtshandlungen, die zur Deckung des Unterhaltsbedarfs üblicherweise nötig sind, etwa für eine Belastung der Kreditkarte beim Einkauf von Lebensmitteln oder für die Abrechnung mit der Krankenkasse. Auch die ordentliche Verwaltung des Einkommens und des Vermögens sowie das Öffnen und Erledigen der Post gehören dazu. Stehen andere Rechtsgeschäfte an, zum Beispiel der Verkauf der Liegenschaft, braucht es die Zustimmung der Kindes- und Erwachsenenschutzbehörde (Kesb) oder einen Vorsorgeauftrag.

GESETZESTEXT
Art. 374 ZGB

Der Vorsorgeauftrag

Besitzen Sie und Ihr Ehemann, Ihre Frau spezielle Vermögenswerte wie eine Liegenschaft oder Aktien, reichen das gesetzliche Vertretungsrecht und/oder eine normale Vollmacht in der Regel nicht mehr für die Vertretung, wenn eine Seite dauerhaft urteilsunfähig geworden ist. Dann braucht es einen Vorsorgeauftrag mit entsprechender Regelung. Darin können Sie zum Beispiel Ihren Ehemann und/oder auch eine andere Vertrauensperson, etwa Ihre Tochter, als Vorsorgebeauftragten bestimmen. Ohne Vorsorgeauftrag müssen Sie die Zustimmung der Kesb einholen, wenn Sie ausserordentliche Rechtsgeschäfte tätigen müssen – zum Beispiel die Hypothek für das Eigenheim wechseln oder die Liegenschaft verkaufen.

BUCHTIPP
Beobachter-Ratgeber:
Ich bestimme. Mein komplettes Vorsorgedossier
www.beobachter.ch/buchshop

GESETZESTEXT
Art. 398 OR, 360 ff. ZGB

So ist Ihr Vorsorgeauftrag gültig
Ihren Vorsorgeauftrag können Sie bei einer Urkundsperson – meist einer Notarin – gegen eine Gebühr abfassen lassen oder Sie können ihn kostenlos selber von Hand niederschreiben, datieren und unterzeichnen (ein Muster finden Sie im Anhang). Wichtig: Es braucht Ihre eigene Handschrift von Anfang bis Ende! Nicht zulässig wäre es, wenn ein Ehemann den Vorsorgeauftrag seiner Frau handschriftlich abfassen würde und sie ihn nur unterzeichnen würde.

MUSTER
Vorsorgeauftrag

Die erbrechtliche Vorsorge

Wer beim Tod eines Menschen dessen Hab und Gut erbt, ist im Schweizerischen Zivilgesetzbuch (ZGB) geregelt. Dieses lässt aber auch Raum für eigene, vom Gesetz abweichende Anordnungen. Viele Ehepaare nutzen diesen Spielraum, um sich gegenseitig bestmöglich zu begünstigen.

Die gesetzliche Regelung
Ausgangspunkt für Ihre individuelle Vorsorge sind die gesetzlichen Rahmenbedingungen. Wenn Sie nichts vorkehren, geht der Nachlass einer verheirateten Person je zur Hälfte an die Witwe, den Witwer und an die Kinder. Hatte die verstorbene Person keine Kinder, erbt die hinterbliebene Ehegattin, der Ehemann drei Viertel des Nachlasses. Ein Viertel geht an den elterlichen Stamm. Das sind zunächst die Eltern. Sind diese schon verstorben,

GESETZESTEXT
Art. 462, 471 ZGB

geht der Viertel an ihre Nachkommen, also die Geschwister oder Nichten und Neffen. Hinterlässt die verstorbene Person weder Nachkommen noch Verwandte aus dem elterlichen Stamm, erbt der überlebende Ehemann, die Gattin automatisch alles.

Passt Ihnen diese gesetzliche Verteilung nicht, können Sie sie abändern. Am einfachsten geht das mit einem Testament. Damit können Sie die Kinder und falls Sie keine Nachkommen haben, die Eltern zugunsten des überlebenden Ehegatten auf den Pflichtteil setzen. Für Kinder gilt allerdings ein hoher Pflichtteil von ¾ ihres gesetzlichen Erbteils; die Eltern können auf einem Pflichtteil von ½ bestehen (siehe Kasten).

ANTEIL DES EHEPARTNERS, WENN ANDERE ERBEN IHREN PFLICHTTEIL FORDERN

Hinterbliebene	Anteil Ehemann, Ehefrau		Weitere Erben	
Ehemann, Ehefrau und Kinder	Ehemann, Ehefrau	⅝	Kinder	⅜
Ehemann, Ehefrau, ohne Kinder	Ehemann, Ehefrau	⅞	Eltern	⅛
Nur Ehemann, Ehefrau	Ehemann, Ehefrau	alles	Weitere Verwandte	nichts

GUT ZU WISSEN Der Pflichtteil für die Kinder wird per 1. Januar 2023 auf ½ herabgesetzt, derjenige der Eltern wird ganz aus dem Gesetz gestrichen.

Begünstigung des Ehemanns, der Ehefrau im Testament
Haben Sie keine Kinder und sind Ihre Eltern schon verstorben, können Sie somit Ihren gesamten Nachlass dem Ehemann, der Ehefrau vermachen. Dazu müssen Sie aber in der Regel ein Testament abfassen. Ein einziger Satz reicht: «Ich setze meine Ehefrau / meinen Ehemann als meine Alleinerbin / meinen Alleinerben ein.» Mit dieser Formulierung schliessen Sie Geschwister und/oder Nichten und Neffen automatisch von der Erbfolge aus.

Haben Sie Kinder oder leben die Eltern noch, können Sie ebenfalls die oben genannte Formulierung verwenden. Allerdings verletzen Sie damit die Pflichtteile der Kinder respektive (vorläufig noch) der Eltern. Wenn sich Ihre Pflichtteilserben allerdings nicht innert eines Jahres seit der Eröffnung des Testaments dagegen wehren, bleibt Ihr Testament gültig und Ihre Frau, Ihr Ehemann erhält alles. Andernfalls muss er oder sie immerhin nur den Pflichtteil auszahlen.

GUT ZU WISSEN Für Ihr Testament gelten die gleichen Formvorschriften wie beim Vorsorgeauftrag: von Anfang bis Ende handschriftlich, datiert und unterschrieben. Oder Sie wählen das öffentliche Testament vor einem Notar. Ein Mustertestament finden Sie im Anhang.

MUSTER
Testament

Eigenheim: Nutzniessung für den Ehemann, die Ehefrau prüfen

Das Gesetz erlaubt Ehepaaren mit gemeinsamen Kindern eine weitere interessante Begünstigungsmöglichkeit: Im Testament können Sie bestimmen, dass die überlebende Seite maximal ¼ vom Nachlass zu Eigentum erhält und den Rest zur Nutzniessung. Dann kann Ihr Ehemann, Ihre Frau den Eigentumsanteil von maximal ¼ verbrauchen. Den Nutzniessungsanteil dagegen darf er oder sie nur benutzen. Diese Variante ist etwa dann sinnvoll, wenn fast alles Vermögen in einem Eigenheim investiert ist. Damit lässt sich verhindern, dass der überlebende Elternteil im schlimmsten Fall das Haus verkaufen muss, weil die Kinder ihren Pflichtteil von ⅜ (ab Januar 2023: ⅛) fordern.

ANORDNUNG EINER NUTZNIESSUNG IM TESTAMENT

«Meinem Ehemann Paul weise ich drei Viertel meines Nachlasses zur Nutzniessung und einen Viertel zu Eigentum zu. Er hat insbesondere das Recht, an meiner Liegenschaft, Häuslistrasse 7 in 8400 Winterthur, die lebenslängliche Nutzniessung zu beanspruchen.»

TIPP Nicht ins Testament gehören Ihre Wünsche in Bezug auf die eigene Bestattung. Bis es eröffnet wird, sind Sie nämlich schon lange beerdigt! Am besten übergeben Sie Ihre Bestattungsanordnung einer Vertrauensperson, etwa Ihrem Ehepartner, oder Sie hinterlegen Ihre Wünsche bei der Gemeinde.

Erbrechtliche Vorsorge im Ehevertrag

Kinderlose Ehepaare, deren Eltern noch leben, und Ehepaare mit Kindern können die Pflichtteile durch ein Testament nicht ausschalten. In einem Ehevertrag ist dies aber manchmal möglich. Darin können Sie nämlich bestimmen, dass der gesamte Vorschlag an den hinterbliebenen Ehegatten geht (mehr zum Vorschlag lesen Sie ab Seite 119). Besteht das eheliche Vermögen nur aus Errungenschaft, fällt so nichts in den Nachlass und es gibt auch nichts mit anderen Erben zu teilen.

Diese Begünstigung funktioniert aber nur gegenüber gemeinsamen Kindern oder bei kinderlosen Ehepaaren gegenüber den Eltern. Stiefkinder können immer auf ihrem Pflichtteil bestehen. Und: Ein solcher Ehevertrag

GESETZESTEXT
Art. 216 ZGB

muss zwingend öffentlich beurkundet werden. In den meisten Kantonen ist dafür ein Notar zuständig.

Das Vermögen von Jana und Karel G. besteht ausschliesslich aus Errungenschaft; es beträgt 200 000 Franken. Die beiden haben in einem Ehevertrag vereinbart, dass der gesamte Vorschlag an die hinterbliebene Seite fallen soll. Als Karel G. stirbt, erhält seine Witwe das ganze Vermögen; Tochter Rahel geht leer aus. Ohne diesen Ehevertrag würde die Hälfte des Vorschlags (100 000 Franken) in den Nachlass von Karel G. fallen, und davon hätte Rahel wiederum die Hälfte, also 50 000 Franken, zugut. Und auch wenn Karel G. seine Tochter im Testament auf den Pflichtteil gesetzt hätte, erhielte sie immer noch 37 500 Franken.

GUT ZU WISSEN Ab dem 1. Januar 2023 verlieren Eltern ihren Pflichtteil. Ab dann wird es einfacher und günstiger, den Ehemann, die Gattin im handschriftlichen Testament als Alleinerben oder Alleinerbin einzusetzen.

Der Erbvertrag – ideal für Patchworkfamilien
Heiraten zwei Menschen zum zweiten Mal oder sogar im reiferen Alter, steht nicht immer die bestmögliche erbrechtliche Absicherung des Ehemanns, der Frau im Vordergrund. Manche wollen im Gegenteil, dass ihr Vermögen dereinst an die eigenen Kindern oder Verwandten geht. In solchen Fällen können Eheleute in einem Erbvertrag gegenseitig verbindlich auf ihr Erbrecht verzichten.

Im Erbvertrag können Sie und Ihre Erben generell im Voraus verbindliche Regelungen für die Verteilung des Nachlasses treffen; ein paar Beispiele:
- Ihre Kinder können zugunsten der Stiefmutter teilweise oder ganz auf den Pflichtteil verzichten.
- Sie stellen gemeinsam sicher, dass alle Kinder in der Patchworkfamilie erbrechtlich gleich behandelt werden.
- Möglich ist eine verbindliche Regelung mit Ihren Kindern, zu welchem Wert der Vorbezug eines Kindes in der späteren Erbteilung angerechnet wird. Insbesondere bei der lebzeitigen Übertragung einer Liegenschaft auf ein Kind vermeiden Sie so nachträglichen Streit.
- Sie können aber auch nur mit Ihrer Ehefrau, Ihrem Ehemann einen Erbvertrag abschliessen und darin zum Beispiel verbindlich regeln, was mit dem Nachlass des zweitversterbenden Partners geschehen soll.

Das kinderlose Ehepaar M. vereinbart im Erbvertrag, dass die hinterbliebene Seite den gesamten Nachlass erhält. Sollte aber Herr M. zuerst sterben, geht das beim späteren Tod von Frau M. noch vorhandene Vermögen an die Schwester von Herrn M.

👁 **Marcel K. hat einen 21-jährigen Sohn,** seine Frau Eliane eine 30-jährige Tochter. Die beiden verzichten im Erbvertrag zugunsten des Stiefelternteils auf ihren Pflichtteil. Damit erbt die hinterbliebene Seite zunächst alles. Damit bei ihrem Tod nicht nur ihr leibliches Kind erbt, setzen Herr und Frau K. beide Kinder als Erben je zur Hälfte ein. Zusätzlich verzichten die Stiefgeschwister untereinander auf die Geltendmachung ihrer Pflichtteile, wenn der zweite Ehegatte stirbt.

Einen Erbvertrag können nur Personen eingehen, die über 18 Jahre alt und urteilsfähig sind. Der Erbvertrag ist wie das öffentliche Testament nur gültig, wenn er bei einer Urkundsperson im Beisein von zwei Zeugen geschlossen wurde. Und selbstverständlich kann niemand gezwungen werden, einen Erbvertrag zu unterzeichnen.

Vor einer Unterzeichnung sollten sich alle Beteiligten die Konsequenzen gut überlegen. Ein einseitiger Widerruf eines Erbvertrags ist nämlich nur in Ausnahmefällen möglich, zum Beispiel, wenn eine Partei bedroht wurde. Soll der Vertrag nicht mehr gelten, müssen ihn im Normalfall alle Vertragsparteien schriftlich widerrufen. Auch mit einer Abänderung müssen alle einverstanden sein, die seinerzeit unterschrieben haben.

TIPP Je nach Familienkonstellation und Wünschen sind auch andere Massnahmen sinnvoll. Informieren Sie sich und lassen Sie sich beraten.

📖 **BUCHTIPP**

Beobachter-Ratgeber:
Testament, Erbschaft. Wie Sie klare und faire Verhältnisse schaffen.
www.beobachter.ch/buchshop

Was die Sozialversicherungen beisteuern

Im Todesfall erhält die Witwe, der Witwer unter bestimmten Voraussetzungen eine Rente und/oder eine Kapitalabfindung. Diese Leistungen stammen aus verschiedenen «Töpfen»:
- 1. Säule – AHV
- 2. Säule – Pensionskasse
- 3. Säule – freiwilligen Vorsorge
- Unfallversicherung – bei Tod nach einem Unfall

Leistungen der AHV
Punkto Witwen- oder Witwerrenten sind Eheleute gegenüber Konkubinatspaaren im Vorteil. Die Witwe hat Anspruch auf eine AHV-Rente, wenn sie
- mindestens ein Kind hat (egal wie alt) oder
- beim Tod ihres Mannes über 45 Jahre alt ist und mindestens fünf Jahre verheiratet war.

Ehemänner können nach dem Tod ihrer Frau eine AHV-Witwerrente beanspruchen, solange sie Kinder unter 18 Jahren haben. Der Europäische Gerichtshof für Menschenrechte (EGMR) rügte im Oktober 2020 die Schweiz in erster Instanz für diese Ungleichbehandlung von Mann und Frau. Die Schweiz zog das Urteil weiter an die grosse Kammer des EGMR. Bleibt es beim erstinstanzlichen Entscheid, muss die Schweiz das Gesetz anpassen.

Die maximale **Witwen- oder Witwerrente** beträgt 1912 Franken pro Monat (Stand 2021). Keine solche Rente gibt es für hinterbliebene Ehegatten, die bereits eine AHV-Altersrente erhalten. Ist die Hinterlassenenrente höher als die Altersrente, wird aber der höhere Betrag ausgezahlt.

Kinder unter 18 sowie Kinder in Ausbildung bis zum 25. Geburtstag erhalten eine **Waisenrente,** wenn ihr Vater oder ihre Mutter stirbt (maximal 956 Franken bzw. 1434 Franken beim Tod beider Eltern, Stand 2021).

GUT ZU WISSEN Eingetragene Partnerinnen oder Partner haben unabhängig vom Geschlecht die gleichen Ansprüche wie ein Witwer. Sie erhalten also nur eine Hinterlassenenrente, solange sie noch Kinder unter 18 Jahren haben. Das Bundesgericht hat dies im Urteil 9C_521/2009 vom 5. Oktober 2009 ausdrücklich bestätigt.

Leistungen der Pensionskasse

Das Bundesgesetz über die berufliche Vorsorge (BVG) schreibt vor, was die Pensionskasse im Minimum leisten muss. Witwen und Witwer werden im BVG gleich behandelt. Sie erhalten eine Rente, wenn sie zum Zeitpunkt des Todes des versicherten Ehegatten

- für den Unterhalt eines Kindes aufkommen oder
- über 45 Jahre alt und fünf Jahre verheiratet gewesen sind.

Ist keine dieser Voraussetzungen erfüllt, wird eine Abfindung in Höhe von drei Jahresrenten ausgezahlt. Kinder unter 18 erhalten eine Waisenrente, ebenso Kinder in Ausbildung bis maximal zum 25. Geburtstag.

Hat der verstorbene Ehepartner ein Guthaben auf einem Freizügigkeitskonto oder in einer Freizügigkeitspolice, geht dieses an seine Witwe und an die Kinder (unter 18 bzw. 25 Jahren). Im Vertrag mit der Vorsorgeeinrichtung können Sie den Verteilschlüssel festlegen. Ansonsten wird nach Köpfen aufgeteilt. Hinterlässt ein Verstorbener zum Beispiel eine Ehefrau und zwei minderjährige Kinder, wird durch drei geteilt.

TIPP Viele Pensionskassen kennen über das BVG-Minimum hinausgehende Leistungen. Wie hoch die Hinterlassenenrenten ausfallen, können Sie Ihrem Vorsorgeausweis entnehmen.

Leistungen der Säule 3a

Die Guthaben aus der gebundenen Vorsorge 3a werden vollumfänglich an die hinterbliebene Ehefrau, den Ehemann ausgezahlt. Das lässt sich auch vertraglich nicht abändern. Bei der Berechnung der Pflichtteile werden diese Gelder aber berücksichtigt. Das kann dazu führen, dass die hinterbliebene Seite den Kindern oder den Eltern des Verstorbenen einen Anteil abgeben muss. Sobald die Erbrechtsrevision in Kraft ist, können die Eltern keine Forderung mehr stellen (gilt für Todesfälle ab dem 1. Januar 2023).

Leistungen der obligatorischen Unfallversicherung
Ist zum Beispiel die Ehefrau tödlich verunglückt und war sie als Angestellte unfallversichert, erhalten der Witwer und ihre Kinder in der Regel eine Hinterlassenenrente der Unfallversicherung. Diese Leistungen werden mit der Witwer- und der Waisenrente der AHV koordiniert. Das heisst, die Unfallversicherung kann ihre Leistungen kürzen, wenn die Hinterbliebenen sonst zusammen mehr als 90 Prozent des versicherten Verdienstes des Verunfallten erhielten.

§ **GESETZESTEXT**
Art. 15 FZV

Versicherungen für den Todesfall

Nicht immer lässt sich der Vorsorgebedarf durch ein Testament, einen Ehe- oder Erbvertrag und die Hinterlassenenleistungen der Sozialversicherungen genügend abdecken. Vor allem, wenn ein Ehepaar noch kleine Kinder hat und/oder ein Eigenheim besitzt, braucht es meist zusätzliche Mittel, damit die hinterbliebene Seite den Lebensstandard halten kann.

Mit einer auf die individuelle Situation zugeschnittenen Todesfallrisikoversicherung lassen sich finanzielle Lücken schliessen. Das hat einen zusätzlichen Vorteil: Die versicherte Todesfallsumme wird dem Witwer oder der Witwe direkt – also unabhängig von der Erbteilung – ausgezahlt und ist für die Pflichtteilsberechnung irrelevant. Nur bei gemischten Lebensversicherungen mit Sparteil muss der Rückkaufswert für die Pflichtteile eingerechnet werden.

Die Prämien für eine reine Todesfallrisikoversicherung sind einiges günstiger als für eine gemischte Lebensversicherung mit zusätzlicher Sparkomponente. Wenn Sie eine abnehmende Todesfallsumme vereinbaren, lässt sich die Prämie überdies stark reduzieren. Das ist in vielen Situationen eine gute Wahl: Solange zum Beispiel die Kinder noch klein sind, ist der Vorsorgebedarf meist am grössten. Je selbständiger sie werden, umso eher könnte die Witwe oder der Witwer wieder selber den Lebensunterhalt verdienen.

BUCHTIPP
Beobachter-Ratgeber:
Letzte Dinge regeln. Fürs Lebensende vorsorgen – mit Todesfällen umgehen
www.beobachter.ch/buchshop

M wie Mitgift:
Ein alter Zopf?

Diese Tradition ist im Ikea-Zeitalter kaum noch lebendig. Bis ins 20. Jahrhundert hinein war es üblich, dass die Braut eine Mitgift, auch Aussteuer genannt, in die Ehe mitbrachte. Dazu gehörten vor allem Tisch- und Bettwäsche, Essgeschirr und andere Haushaltsgegenstände. Üblich ist es dagegen immer noch, dem Paar etwas Schönes zur Hochzeit zu schenken. Am besten geben die Brautleute in der Hochzeitsanzeige an, was sie sich wünschen. Es darf auch einfach nur Geld sein – für die Flitterwochen zum Beispiel.

DIE FINANZEN

Von Luft und Liebe allein kann niemand leben. Das Geld ist und bleibt ein zentraler Aspekt in jeder Beziehung. Eheleute werden auch rechtlich zu einer Wirtschaftsgemeinschaft verbunden. Wenn es kriselt, geht es häufig um unterschiedliche Vorstellungen über das richtige Haushalten mit dem lieben Geld. Deshalb lohnt es sich, sich hierzu früh genug Gedanken zu machen.

Für das Wohlergehen ihrer Gemeinschaft sind Frau und Mann zusammen verantwortlich. Da haben Geheimnisse in Bezug auf die eigenen Einkommens- und Vermögensverhältnisse keinen Platz.

Gemeinsame Bankkonten?

Ob Sie und Ihr Mann, Ihre Frau Ihr Vermögen ganz oder teilweise auf demselben Bankkonto deponieren wollen, ist Geschmackssache. Wichtig ist aber, dass Sie die rechtlichen Konsequenzen kennen. Gemeinsame Bankkonten werden beim Tod eines Ehegatten gesperrt. Ausnahmen gelten nur beim Und/oder-Konto mit Erbenausschlussklausel. Und auch wenn das gemeinsame Bankkonto im Todesfall nicht gesperrt wird, heisst das nicht, dass allfällige Miterben davon erbrechtlich ausgeschlossen sind.

👁 **Marco T. hat sein geerbtes Geld** auf dem gemeinsamen Konto deponiert. Bei seinem Tod können seine Kinder aus erster Ehe die Hälfte davon beanspruchen, auch wenn die Stiefmutter das Geld bereits abgehoben hat.

Bei einem gemeinsamen Konto ist es in der Regel schwierig bis unmöglich, die Anteile von Frau und Mann nachzuweisen, wenn beide Geld einzahlen und abheben. Das ist, als würden Sie Wasser aus verschiedenen Quellen in einen Krug füllen. Da lässt sich nachher auch nicht mehr feststellen, aus welcher Quelle was stammt. Können Sie im Streitfall – sei es untereinander oder mit den Miterben – nichts anderes nachweisen, wird angenommen, das Konto gehöre Mann und Frau je zur Hälfte (Miteigentum, zu den Konsequenzen siehe Seite 113).

Gegenseitig Auskunft geben

Wissen Sie, wie viel Ihr Ehemann verdient, was Ihre Frau auf der hohen Kante hat oder ob Schulden da sind? In den meisten Ehen ist das selbstverständlich. Wenn nicht, dürfen Sie jederzeit Auskunft verlangen. Wenn Sie sich nicht auf mündliche Angaben verlassen möchten, dürfen Sie auch Einsicht in Belege wie den Kontoauszug oder den Lohnausweis verlangen. Verweigert Ihr Mann, Ihre Frau die Auskunft, können Sie sich ans Eheschutzgericht wenden. Dieses wird den Partner, die Partnerin zur Auskunftserteilung verpflichten oder, falls nötig, direkt bei Banken, beim Arbeitgeber oder bei anderen Drittpersonen Auskunft einholen.

Liegt die Anweisung des Gerichts vor, kann sich die Bank nicht mehr auf das Bankgeheimnis berufen. Ohne gerichtliche Anweisungen darf Ihnen aber weder die Bank noch der Arbeitgeber Auskunft erteilen, sonst verletzen sie das Datenschutzgesetz. Keine Auskunftspflicht trifft Personen, die dem Berufsgeheimnis unterstehen, also Pfarrer, Ärztinnen, Rechtsanwälte und Notarinnen sowie ihre Hilfspersonen. Hat zum Beispiel die Ehefrau dem Pfarrer anvertraut, dass sie Schulden hat, oder dem Anwalt von ihrem Schwarzgeld erzählt, dürfen diese dem Ehemann darüber keine Auskunft erteilen.

§ **GESETZESTEXT** Art. 170 ZGB

Der Unterhalt für die Familie

Die Ehegatten sorgen gemeinsam, jeder nach seinen Kräften, für den gebührenden Unterhalt der Familie. So steht es im Gesetz. Der gebührende Unterhalt umfasst im Minimum den notwendigen Lebensunterhalt der Familie. Dazu gehören folgende Posten:
- Wohnkosten wie Miet- oder Hypothekarzinsen
- Gesundheitskosten wie die Krankenkassenprämien oder die Franchise
- Übliche Versicherungen
- Kosten für Ernährung und Kleider
- Beruflich notwendige Auslagen wie auswärtige Verpflegung und Transportkosten
- Steuern

Lassen die Finanzen es zu, gehören weitere Budgetposten zum gebührenden Unterhalt, zum Beispiel: ein Taschengeld für Frau und Mann; zusätzlich zum Taschengeld ein Betrag zur freien Verfügung für den Ehegatten ohne eigenes Einkommen; die Kosten für Ferien, Auto, Putzfrau, Weiterbildung, Freizeitaktivitäten und Kulturellem.

Für den Unterhalt besorgt sein heisst: Geldzahlungen leisten, den Haushalt besorgen, die Kinder betreuen oder im Geschäft der Ehefrau mithelfen. «Ein jeder nach seinen Kräften» bedeutet, dass jede Seite den Beitrag leisten soll, zu dem sie imstande ist. Dabei sind nicht nur die finanziellen Verhältnisse von Bedeutung. Die Eheleute sollen auch gegenseitig Rücksicht nehmen auf persönliche Neigungen und Fähigkeiten.

§ **GESETZESTEXT** Art. 163 ZGB

Einigen Sie sich

Wer wie viel von seinen Einkünften an die Haushaltskosten beiträgt, wer was im Haushalt macht oder wie häufig die Kinder betreut, das müssen Sie selber festlegen. Der Gesetzgeber schwatzt Ihnen nicht in Ihre Rollenverteilung rein. Können Sie sich nicht einigen, wer welche Aufgaben übernimmt, kann das Gericht nur ermahnen oder vermitteln. Einen Befehl, mehr Hausarbeit zu übernehmen oder sich vermehrt um die Kinder zu kümmern, kann es nicht aussprechen. Verbindlich festlegen kann das Gericht aber, was zum Haushaltsbudget gehört und welche Geldbeiträge jede Seite von ihrem Einkommen und allenfalls auch vom Vermögen beizusteuern hat.

Ehetypen

Alles ist möglich! Sie sind in Ihrer Aufgabenverteilung völlig frei. In der Praxis gibt es vier Haupttypen: die Doppelverdiener-, die Hausgatten-, die Zuverdienst- und die Mitverdienstehe.

Am häufigsten kommt die **Doppelverdienerehe** bei kinderlosen Ehepaaren vor. Verfügen beide Seiten über eigenes Einkommen und engagieren sich beide etwa gleich stark im Haushalt, ist es meist angemessen, wenn beide im Verhältnis zu ihren Einkommen zur Deckung der Unterhaltskosten beitragen.

👁 **Vanja J. verdient 5000 Franken,** ihr Mann Beat 6000 Franken netto. Frau J. übernimmt 5/11 und Herr J. 6/11 der Haushaltskosten.

Bei der **Hausgattenehe** kümmert sich eine Seite ausschliesslich um den Haushalt und die Kinder. Deshalb muss die andere mit ihrem Einkommen allein für die Haushaltskosten aufkommen. Dazu gehören auch das Taschengeld und – wenn die Finanzen es zulassen – ein angemessener Betrag zur freien Verfügung für den Hausgatten.

Bei der **Zuverdienstehe** arbeitet zum Beispiel der Ehemann voll, die Ehefrau Teilzeit. Bei der **Mitverdienstehe** hilft die Ehefrau voll oder in Teilzeit im Geschäft ihres Mannes mit. Häufig kümmert sich bei diesen beiden Rollenverteilungen die Teilzeit berufstätige Ehepartnerin hauptsächlich um den Haushalt und die Kinder. Die Haushaltskosten können auch bei diesem Typus proportional zu den Einkommen auf die Eheleute verteilt werden. Dabei sollte aber der grössere Anteil an der Familienarbeit mit einem Abzug berücksichtigt werden. Denkbar ist auch, im Familienbudget einen Stundenlohn für Haushalt und Kinderbetreuung einzusetzen.

👁 **Anna H. kümmert sich allein um den Haushalt** und verdient daneben 2000 Franken. Ihr Mann Marc arbeitet voll und bringt 5000 Franken nach Hause. Die beiden vereinbaren, dass Anna 2/7 und Marc 5/7 der Haushaltskosten übernimmt. Anna H.s monatliche Arbeiten im Haushalt veranschlagen sie auf etwa 30 Stunden à 25 Franken, also 750 Franken. Weil Marc H. noch so froh ist, dass er mit der ganzen Hausarbeit nichts zu tun hat, machen die beiden ab, dass Frau H. die ganzen 750 Franken von ihrem Beitrag abziehen kann.

Taschengeld und Betrag zur freien Verfügung
Zum gebührenden Unterhalt der Familie gehört auch ein Taschengeld. Wie hoch das sein soll, hängt von der finanziellen Situation des Ehepaars ab. In bescheidenen Verhältnissen sind es etwa 100 Franken pro Monat.

In der Hausgatten-, der Zuverdienst- und der Mitverdienstehe hat die Seite, die zur Hauptsache die Kinder betreut und den Haushalt macht, zusätzlich zum Taschengeld Anspruch auf einen angemessenen Betrag zur freien Verfügung. Angemessen heisst: Beide Eheleute sollen ungefähr über den gleichen finanziellen Spielraum für ihre persönlichen Bedürfnisse verfügen. Die Höhe des Betrags hängt vom Lebensstandard ab. Bei kleineren und mittleren Einkommen bleibt dafür häufig gar nichts übrig. Dann muss der Hauptverdienende nur ein Taschengeld zahlen. Bleibt aber vom Verdienst nach Abzug der Haushaltskosten inklusive eines angemessenen Sparbetrags etwas übrig, sollte dieser Rest bei durchschnittlichen Einkommen halbiert werden. Bei sehr hohen Einkommen rechtfertigt es sich dagegen nicht mehr, den Freibetrag einfach hälftig unter den Ehegatten zu verteilen.

👁 **Mats G. verdient 8000 Franken pro Monat,** seine Frau Laura kümmert sich um den Haushalt. Nach Abzug der Haushaltskosten und einer angemessenen Sparsumme bleiben

> **N wie Name:**
> *Wie will ich heissen?*
>
> In der Schweiz wurde 2013 ein neues Namens- und Bürgerrecht eingeführt, das die Gleichstellung der Eheleute im Bereich der Namens- und Bürgerrechtsregelung gewährleisten soll: Seither behalten Braut wie Bräutigam nach der Heirat ihren Ledignamen. Die Brautleute können jedoch erklären, dass sie einen gemeinsamen Familiennamen tragen wollen – den Ledignamen der Braut oder den des Bräutigams.

1000 Franken übrig. Mats überweist seiner Frau die Hälfte davon zu ihrer eigenen Verfügung.

Wie Sie Ihr Taschengeld und den Betrag zur freien Verfügung verwenden, ist Ihre Sache. Anders als beim Haushaltsgeld müssen Sie Ihrer Partnerin, Ihrem Partner darüber keine Rechenschaft ablegen.

§ **GESETZESTEXT** Art. 164 ZGB

Entschädigung für ausserordentliche Leistungen

Arbeitet eine Seite im Geschäft der anderen mit und leistet sie dabei deutlich mehr, als für ihren Beitrag an den Familienunterhalt nötig wäre, hat sie Anspruch auf eine besondere Entschädigung. Dies gilt allerdings nur, wenn kein Arbeits- oder Gesellschaftsvertrag vorliegt. Mit dem Arbeitsvertrag erhält die mitarbeitende Seite ja einen Lohn, und als Gesellschafterin ist sie am Gewinn des Geschäfts beteiligt. Eine solche Entschädigung zugut hat zum Beispiel die Ehefrau, die neben dem Haushalt und der Kinderbetreuung noch die Buchhaltung für den Betrieb ihres Mannes erledigt, obwohl er sich einen Buchhalter leisten könnte. Eine angemessene Entschädigung fordern kann auch der Ehemann, der aus seinem Einkommen oder Vermögen bedeutend mehr an den Familienunterhalt beigetragen hat, als es seine Pflicht war.

Florian und Isabelle W. verdienen etwa gleich viel. Sie haben abgemacht, sich die Haushaltskosten hälftig zu teilen. Weil Isabelle aber mit ihrem Geld nicht vernünftig umgehen kann, ist ihr Mann gezwungen, immer wieder erheblich mehr als die Hälfte der Ausgaben zu tragen. Herr W. kann jederzeit eine angemessene Entschädigung für seine Mehrleistung verlangen, etwa wenn das Paar sich trennt oder wenn seine Frau eine Erbschaft macht.

§ **GESETZESTEXT** Art. 165 ZGB

GUT ZU WISSEN Das Partnerschaftsgesetz sieht weder ein Taschengeld vor noch einen Betrag zur freien Verfügung oder eine Entschädigung für ausserordentliche Leistungen.

Was tun bei Streit ums Geld?

Können Sie sich nicht einigen, wie hoch das Haushaltsgeld und der Betrag zur freien Verfügung sein soll oder ob einem von Ihnen eine Entschädigung für seinen ausserordentlicher Beitrag zusteht? Eine Ehe- oder Budgetberatungsstelle kann helfen, eine gerechte Lösung zu erarbeiten.

Sie können sich auch – gemeinsam oder einzeln – ans Eheschutzgericht wenden. Die Richter amten als Vermittler und versuchen, zusammen mit Ihnen eine Lösung zu finden. Oder sie können einen Ehegatten ermahnen, seinen Pflichten nachzukommen. Wenn einer von Ihnen es wünscht, muss das Gericht verbindlich festlegen, welche Geldbeträge Sie je an den gemeinsamen Haushalt beisteuern müssen. Das gilt auch für den Betrag zur freien Verfügung und für die Entschädigung für ausserordentliche Leistungen. Die Beiträge an den Unterhalt der Familie und den Betrag zur freien Verfügung kann das Gericht für die Zukunft und für maximal ein Jahr rückwirkend festlegen. Die Entschädigung für ausserordentliche Leistungen unterliegt keiner zeitlichen Limite.

§ **GESETZESTEXT** Art. 173 ZGB

TIPP Es ist also nicht nötig, sofort «zum Richter zu rennen», wenn es mal Streit ums Geld gibt. Sie haben genügend Zeit, zum Beispiel mit einer Budgetberatungsstelle zusammen eine einvernehmliche Lösung zu finden. Ist nichts zu machen, können Sie immer noch das Gericht einschalten.

Das Haushaltsbudget

Was für den Staatshaushalt unverzichtbar ist, bringt auch privat grossen Nutzen: ein Budget. Es ist das beste Mittel, um herauszufinden, wie viel Einkommen vorhanden ist, wie viel man tatsächlich ausgibt und wie man beides miteinander in Einklang bringt. Der Moment der Heirat ist ein guter Anlass, sich einen Überblick über die finanzielle Situation zu verschaffen.

Besonders wichtig ist ein Haushaltsbudget, wenn das Einkommen knapp ist. Denn damit lassen sich Sparmöglichkeiten erkennen. Und nicht zu vernachlässigen: Ein Budget wirkt auch klärend auf der Beziehungsebene. Viele Paare leiden darunter, dass es ständig Streit ums Geld gibt. Das bringt die Liebe in Gefahr. Deshalb dient ein gemeinsam erstelltes und ausdiskutiertes Budget auch der Beziehungspflege.

Ein Budget ist etwas Individuelles, bei dem es weder richtig noch falsch gibt. Entscheidend ist bloss, ob es gelingt, die Finanzen so im Griff zu haben, dass die Ausgaben nicht grösser sind als die Einnahmen. Auch das ultimativ richtige System gibt es nicht: Die einen führen verschiedene Konten, andere arbeiten mit Kuverts und unterschiedlichen Portemonnaies, wieder andere führen ein Haushaltsbuch. Welches System Sie wählen, ist egal – Hauptsache, Sie wenden es konsequent an. Um zwei Grundsätze werden Sie allerdings nicht herumkommen, wenn Sie Ihr Budget ernst nehmen wollen:
- Kein Geld ausgeben, das noch nicht verdient ist.
- Kein Geld ausgeben, das via Rückstellungen für anderes reserviert ist.

So gehen Sie vor
Ein Budget erstellen heisst zunächst: Einnahmen und Ausgaben auflisten. Beim ersten Mal braucht das etwas Geduld und Fleiss, insbesondere, um die Ausgaben zusammenzutragen.

DIE WICHTIGSTEN AUSGABENPOSTEN IM BUDGET

Feste Verpflichtungen
- Wohnkosten inklusive Nebenkosten
- Energie (Strom, Gas)
- Kommunikation (Telefon, Handy, Internet, Radio, TV)
- Versicherungen (Krankenkasse, Hausrat-, Privathaftpflichtversicherung, eventuell 3. Säule)
- Steuern
- Mobilität (öffentlicher Verkehr, Velo, Auto)
- Kinderbetreuung
- Verschiedenes (Zeitungs- und Zeitschriftenabos, Vereinsbeiträge, Weiterbildung, Musik, Sport, Kreditraten)

Variable Kosten
- Haushaltsgeld
  - Nahrung, Getränke
  - Nebenkosten (Wasch- und Putzmittel, Drogerie, Körperpflege, tägliche Kleinigkeiten)
  - Haustier
- Persönliche Ausgaben
  - Kleider, Wäsche, Schuhe
  - Auswärtige Verpflegung
  - Coiffeur, Hobby, Taschengeld
- Rückstellungen
  - Medizinische Kosten (Franchise, Selbstbehalt, Zahnarzt, Optikerin)
  - Geschenke, Spenden
  - Unvorhergesehenes, Anschaffungen
  - Ferien
  - Sparen

Auf der Einnahmenseite stehen in der Regel nicht viele Zahlen: Hier führt man den Lohn auf, inklusive allfälliger Familienzulagen. Idealerweise können Sie das Budget ausgeglichen halten, ohne den 13. Monatslohn einsetzen zu müssen. Das gibt Spielraum für Unvorhergesehenes. Komfortabel ist zudem, wenn Sie auch die Kinderzulage auf die Seite legen können, wenigstens in der Startzeit Ihrer Familie. Eine solche Rückstellung ist beruhigend im Hinblick auf die Schulzeit, weil sich dann die Ausgaben merklich erhöhen.

Auf der Ausgabenseite Ihres Budgets fallen mehr Posten an. Am besten unterteilen Sie sie nach festen Verpflichtungen und variablen Kosten (siehe Kasten).

TIPP Unterstützung bei der Zusammenstellung Ihres Budgets erhalten Sie bei Budgetberatung Schweiz. Im Internet (www.budgetberatung.ch) finden Sie Musterbudgets sowie die Adressen der Beratungsstellen. Eine individuelle Beratung dauert ein bis eineinhalb Stunden und kostet zwischen 40 und 150 Franken. Einen Budgeterhebungsbogen finden Sie im Anhang, ein Musterbudget für ein Ehepaar mit einem Kind im Kapitel «Die Kinder» (Seite 163).

LINK
Budgetberatung
www.budgetberatung.ch
(im Suchfeld PLZ eingeben)

VORLAGE
Budgeterhebungsbogen

Wenn das Geld knapp wird

Es kann in den besten Familien vorkommen: Der Job wird gekündigt, der Ehemann ist in eine Schuldenfalle getappt, oder das Geld reicht trotz aller Sparbemühungen einfach nicht aus, um die Familie durchzubringen. Solche Situationen sind sehr belastend. Umso wichtiger ist es, nicht den Kopf in den Sand zu stecken, sondern richtig zu handeln. Ist der Job weg, können die meisten Arbeitnehmenden auf die Unterstützung der Arbeitslosenversicherung zählen. Ansonsten helfen das Sozialamt der Wohngemeinde oder auch private Organisationen, Lösungen zu finden.

Unterstützung von der Arbeitslosenversicherung

Wichtig ist, dass Sie in den zwei Jahren vor der Anmeldung während mindestens zwölf Monaten als Angestellte gearbeitet und Beiträge gezahlt haben. Sind auch die anderen gesetzlichen Voraussetzungen erfüllt, haben Sie nach spätestens einer Woche Anrecht auf ein Taggeld. Dieses beträgt:

- 80 Prozent des versicherten Verdienstes, wenn Sie Kinder unterstützen müssen, wenn Sie invalid sind oder wenn Ihr Taggeld tiefer als 140 Franken ist,
- 70 Prozent des versicherten Verdienstes in allen anderen Fällen.

Der maximal versicherte Monatslohn liegt bei 12 350 Franken. Wer also zum Beispiel 14 000 Franken verdient, erhält maximal 80 Prozent von 12 350 Franken (Stand 2021). Arbeitslose mit Kindern erhalten zudem einen Zuschlag für die Familienzulagen.

In der Regel werden 400 Taggelder ausgezahlt. Je nach Beitragszeit und

---

O wie Oberhaupt der Familie: *Wer ist hier der Boss?*

Bis 1988 war es – juristisch gesehen – der Ehemann. Seither gelten sowohl die Ehefrau wie auch der Ehemann als Oberhaupt der Familie. Von rechtlicher Bedeutung ist das nur noch, wenn im Haushalt minderjährige Kinder wohnen. Richten die Kinder Schaden an, müssen beide Eltern dafür aufkommen. Das gilt aber nur, wenn sie ihre Aufsichtspflicht verletzt haben. Geht zum Beispiel beim Rangeln unter Drittklässlern auf dem Pausenplatz eine Brille kaputt, müssen Eltern nicht zahlen. Entgegen einem verbreiteten Irrtum gilt also nicht einfach generell: «Eltern haften für ihre Kinder.»

📖 | **BUCHTIPP**

Beobachter-Ratgeber:
Job weg. Wie weiter bei Kündigung und Arbeitslosigkeit?
www.beobachter.ch/buchshop

Alter können es mehr oder auch weniger sein. Weil die Arbeitslosenversicherung in Arbeitstagen rechnet, entsprechen 400 Taggelder etwa eineinhalb Jahren. Danach gilt man als ausgesteuert. Wer mittellos ist, kann dann Sozialhilfe beziehen.

TIPP Wichtig: Melden Sie sich schon während der Kündigungsfrist, spätestens aber am ersten Tag Ihrer Arbeitslosigkeit beim Regionalen Arbeitsvermittlungszentrum (RAV) oder bei Ihrer Wohngemeinde.
Für die Zeit vor der Anmeldung erhalten Sie keine Taggelder.

Hilfe vom Sozialamt

Wenn das Einkommen und/oder das Vermögen nicht mehr reichen, um den Unterhalt der Familie zu decken, gibt es Hilfe vom Sozialamt. Die meisten Kantone halten sich bei der Bemessung der Sozialhilfeleistungen an die Empfehlungen der Schweizerischen Konferenz für Sozialhilfe, kurz SKOS genannt. Danach hat jede Familie Anrecht auf ihr soziales Existenzminimum. Es soll nicht nur die Grundbedürfnisse abdecken, sondern auch eine bescheidene Teilnahme am sozialen Leben ermöglichen – zum Beispiel einen Zoo- oder Zirkusbesuch mit den Kindern.

TIPP Nicht zuwarten! Melden Sie sich sofort bei Ihrer Wohngemeinde, wenn die Mittel für den Unterhalt Ihrer Familie nicht mehr ausreichen. Kleinkredite sind keine Lösung. Damit schieben Sie das Problem nur hinaus, und die hohen Zinsen drücken noch mehr aufs Budget. Zudem übernimmt das Sozialamt keine Schulden.

Zum sozialen Existenzminimum gehören:
- eine Pauschale für den allgemeinen Lebensunterhalt, also für Nahrung, Kleidung, Körperpflege, Energie, Telefon, Reinigung, öffentlichen Verkehr, Unterhaltung und Bildung (siehe Kasten),
- die Wohnkosten,
- die Gesundheitskosten,
- je nach Situation Leistungen für Berufsauslagen, Kinderbetreuungskosten,
- ein Einkommensfreibetrag oder für Nichterwerbstätige eine Integrationszulage als Anreiz für Bemühungen um soziale oder berufliche Qualifikationen wie Einsätze in der Nachbarschaftshilfe oder Stellensuche.

Bei den Wohnkosten gelten die ortsüblichen Mietzinsen. Höhere Wohnkosten werden so lange übernommen, bis eine günstigere Lösung gefunden ist. Zu den Gesundheitskosten gehören die medizinische Grundversorgung sowie Franchisen und Selbstbehalte.

TIPP Details zur Bemessung der Sozialhilfe finden Sie in den kantonalen Sozialhilfegesetzen und bei der SKOS.

LINK
Richtlinien für Sozialhilfe
www.skos.ch

PAUSCHALE FÜR DEN ALLGEMEINEN LEBENSUNTERHALT

Die Pauschale ist abgestuft nach der Haushaltsgrösse und beträgt:

	2021	2022
Für ein Ehepaar ohne Kinder	Fr. 1525.–	Fr. 1539.–
Für einen Dreipersonenhaushalt	Fr. 1854.–	Fr. 1871.–
Für einen Vierpersonenhaushalt	Fr. 2134.–	Fr. 2153.–
Für einen Fünfpersonenhaushalt	Fr. 2412.–	Fr. 2435.–

Mit Schulden umgehen

Ein Schuldenberg kann rasch entstehen. Der Abbau dagegen ist langwierig und mühsam. Den Kopf in den Sand zu stecken oder Kleinkredite aufzunehmen, sind keine tauglichen Mittel für eine nachhaltige Verbesserung der Situation. Klüger ist es, sich die Lage ehrlich einzugestehen und mit professioneller Hilfe eine Schuldensanierung in die Wege zu leiten.

Treten Sie schnell mit Ihren Gläubigern in Kontakt und suchen Sie zusammen nach Lösungsmöglichkeiten. Für eine erfolgreiche Schuldensanierung nötig sind:

- ein realistisches Budget,
- ein regelmässiges Einkommen, das über dem betreibungsrechtlichen Existenzminimum der Familie liegt,
- Disziplin und der Wille, sich über längere Zeit einzuschränken,
- meist ein Entgegenkommen der Gläubiger.

BUCHTIPP
Beobachter-Ratgeber:
Wenn das Geld nicht reicht. So funktionieren die Sozialversicherungen und die Sozialhilfe
www.beobachter.ch/buchshop

LINKS
Seriöse Schuldenberatung
www.schulden.ch
www.caritas-schuldenberatung.ch

Welche Art der Schuldensanierung sinnvoll ist, hängt von diesen Faktoren ab. Die möglichen Massnahmen reichen von der Vereinbarung von Ratenzahlungen bis zum Privatkonkurs. Scheuen Sie sich nicht, Hilfe bei einer Schuldenberatungsstelle zu holen. Von kommerziellen Privatsanierern, die sich in Zeitungsinseraten anpreisen, ist allerdings abzuraten.

TIPP Seriöse Adressen vermittelt der Dachverband Schuldenberatung Schweiz. Kontaktieren Sie auch die Sozialberatungsstelle an Ihrem Wohnort. Zwar übernimmt das Sozialamt keine Schulden, es hilft aber, den laufenden Unterhalt der Familie zu sichern.

Betreibungsregeln für Eheleute

Jedermann kann jederzeit eine Betreibung einleiten – auch ohne vorgängige Mahnung. Hier eine kurze Zusammenfassung des Ablaufs einer solchen Betreibung:

- Zuständig ist das Betreibungsamt am Wohnsitz des Schuldners. Dieses prüft nicht, ob die Gläubigerin tatsächlich eine Forderung hat, die Betreibung also zu Recht eingeleitet wurde, sondern stellt dem Schuldner einen Zahlungsbefehl zu. Darin wird er aufgefordert, innert Frist – in der Regel innerhalb von 20 Tagen – zu bezahlen.
- Bestreitet der Schuldner die Forderung oder will er Zeit gewinnen, kann er innert zehn Tagen seit Erhalt des Zahlungsbefehls Rechtsvorschlag erklären. Er gibt beim Betreibungsamt mündlich oder schriftlich zu Protokoll: «Ich erhebe Rechtsvorschlag.» Es genügt, dies direkt auf den Zahlungsbefehl zu schreiben. Damit ist die Betreibung einstweilen blockiert.
- Das Betreibungsamt kann erst nach Beseitigung des Rechtsvorschlags durch ein Gericht zur Pfändung schreiten oder den Konkurs eröffnen. Dazu muss die Gläubigerin Rechtsöffnung verlangen, beispielsweise, indem sie Dokumente wie eine Schuldanerkennung oder einen Vertrag vorlegt, die ihre Forderung beweisen.

ACHTUNG Der Zahlungsbefehl kann gültig auch von Ihrer Ehefrau, Ihrem Ehemann in Empfang genommen werden. Ab diesem Zeitpunkt laufen die Fristen.

Ehepartner haften nicht mit

Nur in Ausnahmefällen haftet die Ehefrau mit ihrem eigenen Einkommen und Vermögen für die Schulden ihres Mannes oder umgekehrt. Gilt für Sie die Errungenschaftsbeteiligung oder die Gütertrennung (zu den Güterständen siehe Seite 105), dürfen für Schulden Ihres Mannes, Ihrer Frau nur deren Einkommen und Vermögen gepfändet werden. Ihr eigenes Einkommen und Ihr Vermögen sind tabu.

Gepfändet werden darf alles, was nicht dringend für den Lebensbedarf der Familie benötigt wird. Häufig wird der Lohn gepfändet, da das Ehepaar sonst keine wesentlichen Vermögenswerte besitzt. Dann darf das Betreibungsamt nur auf den Lohnanteil zugreifen, der über Ihrem betreibungsrechtlichen Existenzminimum liegt.

Das betreibungsrechtliche Existenzminimum

Das für alle geltende Existenzminimum gibt es nicht. Das Betreibungsamt muss das Existenzminimum für jede Familie anhand der kantonalen Vorgaben errechnen. Dazu gehören ein Betrag für den allgemeinen Lebensbedarf, für den alle Kantone Pauschalen einsetzen, plus die individuellen notwendigsten Ausgaben wie Wohn- und Gesundheitskosten.

Wie das folgende Rechenbeispiel zeigt, wird bei Eheleuten – ob mit oder ohne Kinder – zuerst das Existenzminimum der ganzen Familie errechnet und dann proportional auf die Einkommen von Mann und Frau verteilt. Gepfändet wird nur die Differenz zwischen dem Lohn des Schuldners und seinem Anteil am Existenzminimum. Trotzdem zieht eine Pfändung eine empfindliche Einschränkung des Familienbudgets nach sich.

👁 **Josiane und David W.** haben keine Kinder. Josiane W. wird für Schulden bei ihrer Kreditkartenfirma gepfändet. Ihr Einkommen beträgt 3500 Franken, ihr Ehemann verdient 4500 Franken. Frau W.s Anteil am gemeinsamen Haushaltseinkommen von 8000 Franken beträgt also 43,75 Prozent. Das Betreibungsamt errechnet für das Ehepaar ein Existenzminimum von 4100 Franken. Der Anteil der Ehefrau daran beträgt entsprechend ihrem Einkommen 43,75 Prozent oder rund 1794 Franken. Die pfändbare Quote ist also 1706 Franken (3500 minus 1794). So viel muss Frau W. von ihrem Lohn abgeben.

Spezialfall Gütergemeinschaft

Lebt ein Ehepaar in Gütergemeinschaft, muss dem Mann und der Frau je separat ein Zahlungsbefehl zugestellt werden. Denn von einer Pfändung ist nicht nur das Eigengut des Schuldners, sondern auch das Gesamtgut der Eheleute betroffen. Jede Seite kann unabhängig von der anderen Rechtsvorschlag erheben. Fällt einer von beiden in Konkurs, kommt es automatisch zur Gütertrennung.

ACHTUNG Das Amt darf zwar nur Gegenstände pfänden, die dem Schuldner gehören. Können Sie aber nicht beweisen, wem pfändbare Gegenstände im gemeinsamen Heim gehören, wird Miteigentum (bei Gütergemeinschaft Gesamtgut) angenommen und der fragliche Gegenstand mitgepfändet. Mit einem Inventar können Sie vorsorgen.

§ **LINK**
Informationen zur Pfändung
www.schuldeninfo.ch

📄 **VORLAGE**
Inventar

DAS EHELICHE VERMÖGEN

Zum ehelichen Vermögen zählt alles, was Mann und Frau besitzen: das Auto, der Hausrat, Liegenschaften, Sparguthaben, Wertschriftendepots und Lebensversicherungen. In diesem Kapitel erfahren Sie, wie sich die Heirat auf Ihr Vermögen auswirkt, ob Handlungsbedarf besteht und welche Möglichkeiten Sie haben.

WAS VERSTEHT MAN UNTER GÜTERRECHT?

Wenn Sie heiraten, regelt neu das Güterrecht Ihre Vermögensverhältnisse. Es bestimmt einerseits, wem was gehört, wer über welche Vermögenswerte verfügen darf, wer das Vermögen verwaltet und wie Sie und Ihr Partner, Ihre Partnerin haften. Anderseits enthält das Güterrecht Bestimmungen, wann und wie die wirtschaftliche Gemeinschaft Ehe wieder entflochten und wie ein allfälliger «Gewinn» unter den Eheleuten verteilt wird. Das nennt man die güterrechtliche Auseinandersetzung.

Die meisten Bestimmungen des Eherechts handeln vom Güterrecht. Und die Warnung gleich vorweg: Diese Regelungen sind kein leichter Lesestoff. Das liegt in der Natur der Sache. Geht es um Vermögen, hat man es nun mal mit Bewertungen, Buchhaltung und Mathematik zu tun. Solange Sie kein nennenswertes Vermögen besitzen, können Ihnen die Bestimmungen zum ehelichen Güterrecht herzlich egal sein und Sie können dieses Kapitel gleich überspringen. Alle anderen sollten zumindest abklären, ob Handlungsbedarf besteht und was sie vorkehren können. Interessant sind die güterrechtlichen Möglichkeiten für die optimale erbrechtliche Absicherung des überlebenden Ehepartners.

GUT ZU WISSEN Wenn ein Paar einträchtig zusammenlebt, fragt niemand danach, wie genau das Vermögen aufgeteilt würde. Man spart gemeinsam für das neue Auto oder die Ausbildung der Kinder, und jeder steuert bei, was er oder sie kann. Viele Bestimmungen des Güterrechts kommen erst zum Zug, wenn die Ehe aufgelöst wird durch Scheidung oder Tod. Das zeigt sich auch in den Beispielen, die Sie auf den folgenden Seiten antreffen.

Drei eheliche Güterstände

Als Erstes gleich die Richtigstellung eines weit verbreiteten Irrglaubens: Mit der Heirat entsteht nicht automatisch gemeinsames Eigentum. Nur wenn ein Ehepaar im Ehevertrag die Gütergemeinschaft wählt, gehört das sogenannte Gesamtgut beiden (mehr dazu auf Seite 126). In allen anderen Fällen bleibt jede Seite alleinige Eigentümerin ihrer Vermögenswerte. Am Bankkonto der Ehefrau ist der Ehemann also nicht automatisch beteiligt, und umgekehrt gehört sein Auto nicht plötzlich zur Hälfte der Frau. Das gilt sowohl für das voreheliche Vermögen wie auch für alles, was Sie während der Ehe erwerben. Für die meisten Eheleute gilt die Errungenschaftsbeteiligung (siehe Kasten).

DREI GÜTERSTÄNDE, AUS DENEN SIE BEI IHRER HEIRAT WÄHLEN KÖNNEN

Errungenschaftsbeteiligung
Mann und Frau haben je zwei sogenannte Gütermassen, das Eigengut und die Errungenschaft. Bei einer Auflösung der Ehe behält jede Seite ihr Eigengut und ist zur Hälfte an der Errungenschaft der anderen beteiligt. Passt Ihnen das, brauchen Sie keinen Ehevertrag. Die Errungenschaftsbeteiligung ist der ordentliche Güterstand, dem alle Ehepaare unterstehen, die nichts anderes vereinbaren.

| Eigengut Mann | Errungenschaft Mann | Errungenschaft Frau | Eigengut Frau |

Gütergemeinschaft
Bei diesem Güterstand gibt es drei Gütermassen, das Eigengut der Frau, das Eigengut des Mannes und das Gesamtgut. Über das Gesamtgut können Mann und Frau nur gemeinsam verfügen. Die Aufteilung des Vermögens bei einer Auflösung der Ehe ist komplexer als bei der Errungenschaftsbeteiligung und hängt in erster Linie vom Inhalt des Ehevertrags ab.

| Eigengut Mann | Gesamtgut Ehepaar | Eigengut Frau |

Gütertrennung
Bei der Gütertrennung gibt es nur das Vermögen der Frau und das Vermögen des Mannes. Auch bei einer Auflösung der Ehe wird nichts geteilt.

| Eigengut Mann | Eigengut Frau |

Klar voneinander zu unterscheiden sind die eigentumsrechtliche und die güterrechtliche Ebene. Das Eigentumsrecht bestimmt, wem ein Vermögensgegenstand gehört; das Güterrecht klärt, wie die Eheleute wertmässig an einem Vermögensgegenstand beteiligt sind.

Maximilian D. ist im Grundbuch als Alleineigentümer der ehelichen Liegenschaft eingetragen. Finanziert wurde das Eigenheim mit dem Ersparten aus seinem Arbeitslohn (Errungenschaft). Kommt es zu einer Scheidung, hat seine Frau Valentina keine Chance, die Liegenschaft in ihr Eigentum zu ziehen. Güterrechtlich aber ist sie zur Hälfte daran beteiligt, weil das Haus mit Mitteln der Errungenschaft finanziert wurde. Maximilian D. muss seiner Frau die Hälfte des aktuellen Verkehrswerts der Liegenschaft auszahlen.

Errungenschaftsbeteiligung – der ordentliche Güterstand

Wer nichts unternimmt, untersteht dem Güterstand der Errungenschaftsbeteiligung. Für die meisten Ehepaare in der Schweiz ist dies der optimale Güterstand.

Während der Ehe wirkt die Errungenschaftsbeteiligung, salopp gesagt, wie eine Gütertrennung. Es bleibt also vorerst vermögensrechtlich alles beim Alten; Mann und Frau verfügen je selbständig über ihr Vermögen. Erst bei der Auflösung der Ehe wird ein wirtschaftlicher Erfolg hälftig geteilt.

GESETZESTEXT
Art. 181 ZGB

ALTRECHTLICHE GÜTERSTÄNDE

Das Eherecht wurde per 1. Januar 1988 komplett revidiert. Seither gelten die heutigen Güterstände. Wer damals schon verheiratet war, konnte bis 31. Dezember 1988 amtlich erklären, die altrechtliche Güterverbindung beizubehalten. Das haben nur wenige Paare getan. Für alle anderen Ehepaare gilt rückwirkend für die gesamte Ehe das Nachfolgemodell, die Errungenschaftsbeteiligung.

Wenn Sie allerdings noch unter altem Recht einen Ehevertrag abgeschlossen und diesen seither nicht aufgehoben haben, unterstehen Sie immer noch der Güterverbindung oder der altrechtlichen Gütergemeinschaft (haben Sie Gütertrennung vereinbart, gelten automatisch die neurechtlichen Bestimmungen dieses Güterstands).

Mit einem neuen Ehevertrag können Sie jederzeit zu den neuen Bestimmungen wechseln. Prüfen Sie mit einem Notar oder einer Anwältin, ob dies Vorteile hätte.

👁 **Cristina und Serge R.** haben jung geheiratet und besitzen am Anfang ihrer Ehe nur ein paar Möbelstücke aus dem Brockenhaus. Cristina R. wird bald schwanger und kümmert sich die nächsten zwanzig Jahre hauptsächlich um Haushalt und Familie. Das Familieneinkommen reicht gut zum Leben, und Herr R. kann sogar 80 000 Franken sparen. Käme es zu einer Scheidung, stünde seiner Frau die Hälfte davon zu.

> **P wie Pensionskasse:**
> *Was ist anders als im Konkubinat?*
>
> Bei einer Scheidung wird das während der Ehe angesparte Altersguthaben in der Pensionskasse hälftig zwischen Mann und Frau geteilt. Im Todesfall erhalten über 45-jährige Witwer respektive Witwen eine Rente, wenn sie mindestens fünf Jahre verheiratet waren. Das gilt unabhängig vom Alter und der Ehedauer auch, solange die Witwe, der Witwer für den Unterhalt eines Kindes aufkommen muss.

Bei der Errungenschaftsbeteiligung ist also automatisch für einen Ausgleich zwischen Familienarbeit und Berufstätigkeit gesorgt.

Möglichkeiten im Ehevertrag

Die gute Nachricht vorweg: Die meisten Ehepaare in der Schweiz brauchen keinen Ehevertrag; sie sind mit der Errungenschaftsbeteiligung gut bedient. Ist dies für Sie nicht der Fall, können Sie in einem Ehevertrag anstelle der Errungenschaftsbeteiligung die Gütergemeinschaft (siehe Seite 126) oder die Gütertrennung (siehe Seite 131) wählen. Auch eine Abänderung der Errungenschaftsbeteiligung in gewissen Punkten ist möglich (siehe Seite 115). Andere, selbst entwickelte Regelungen sind nicht zulässig.

TIPP Ob eine ehevertragliche Regelung für Sie sinnvoll wäre, hängt von Ihren Bedürfnissen ab. Sind Sie unsicher, schreiben Sie am besten auf, was Sie punkto eheliches Vermögen möchten und was nicht, und lassen sich von einer Anwältin oder einem Notar beraten.

Gütertrennung?

Als Erstes einige Klärungen zum Thema Gütertrennung: Viele Ratsuchende an der Beobachter-Hotline interessieren sich für diesen Güterstand, weil sie nicht für die Schulden des künftigen Ehegatten aufkommen möchten. Andere wollen bei einer allfälligen Scheidung ihr Pensionskassenkapital nicht teilen, und wieder andere möchten verhindern, dass sie von ihrem Einkommen oder Vermögen Beiträge ans teure Pflegeheim des Ehemanns oder Trennungsalimente für die Ehefrau zahlen müssen.

In all diesen Fällen würde die Gütertrennung gar nichts bewirken. Denn für die vorehelichen Schulden der einen Seite haftet die andere sowieso nicht. Auch für Schulden, die Frau und Mann nach der Heirat eingehen, ist die Haftung stark eingeschränkt (siehe Seite 78). Die Teilung der während der Ehe gesparten Pensionskassenguthaben ist auch bei der Gütertrennung zwingend. Und die Unterstützungspflicht für den finanziell bedürftigen Ehegatten bei Trennung, Scheidung oder wenn der andere ins Pflegeheim muss, lässt sich via Gütertrennung nicht aushebeln.

Ebenfalls keinen Ehevertrag auf Gütertrennung brauchen Eheleute, die bei der Heirat (oder auch später) kein nennenswertes Vermögen besitzen. Und reduziert zum Beispiel die Frau ihr Erwerbseinkommen oder gibt es zugunsten der Familienarbeit ganz auf, ist ihr dringend zu raten, die Errungenschaftsbeteiligung beizubehalten. So ist sie nämlich an einem wirtschaftlichen Erfolg der Ehe hälftig beteiligt, wenn es zur Scheidung kommen sollte oder wenn ihr Partner stirbt.

Formvorschriften für Eheverträge
Einen Ehevertrag können Sie jederzeit abschliessen, bereits vor der Hochzeit oder noch Jahre später. Sie können darin auch bestimmen, dass die neue Regelung rückwirkend ab Heiratsdatum gelten soll. Damit der Vertrag gültig ist, muss er öffentlich beurkundet werden. Dafür ist in den meisten Kantonen ein Notar zuständig.

TIPP Ihren Ehevertrag müssen Sie nur dann im Wohnsitzkanton abschliessen, wenn kantonale Bestimmungen das verlangen. Erkundigen Sie sich bei der Gemeinde nach den Gebühren, unter Umständen sind diese im Nachbarkanton nämlich tiefer. Im Kanton Zürich etwa kostet ein Ehevertrag je nach Aufwand und Vermögen zwischen 200 und 5000 Franken.

Sie können Ihren Ehevertrag im gegenseitigen Einverständnis jederzeit wieder aufheben oder abändern und einen anderen Güterstand wählen. Erforderlich ist dazu aber wiederum eine öffentliche Beurkundung mit entsprechender Kostenfolge.

Vermögensvertrag für eingetragene Paare
Laut Partnerschaftsgesetz ändert die Eintragung der Partnerschaft nichts punkto Vermögen des Paares. Im Normalfall gilt also Gütertrennung. In einem Vermögensvertrag kann das Paar jedoch andere Regelungen treffen, allerdings nur für den Fall, dass die eingetragene Partnerschaft aufgelöst wird. Ausdrücklich im PartG erwähnt sind die Regeln der Errungenschaftsbeteiligung. Aber auch die Regeln der Gütergemeinschaft sollten möglich sein. Wie der Ehevertrag muss auch der Vermögensvertrag öffentlich beurkundet werden.

Soll auch während der Dauer der eingetragenen Partnerschaft etwas anderes als die Gütertrennung gelten, können die Partner dies in einem separaten Vertrag regeln. Solche Vereinbarungen müssen nicht öffentlich beurkundet werden.

GUT ZU WISSEN Wird die Ehe für alle angenommen, kann ein eingetragenes Paar seine Partnerschaft in eine Ehe umwandeln. Dann gilt automatisch nicht mehr die Gütertrennung, sondern die Errungenschaftsbeteiligung. Ausnahme: Das Paar hat vertraglich etwas anderes vereinbart. Ein bestehender Vermögensvertrag bleibt nach der Umwandlung weiterhin gültig.

Gute Gründe für einen Ehevertrag

Die Errungenschaftsbeteiligung ist für die meisten Ehepaare der optimale Güterstand. Je nach Lebenssituation fahren Sie aber mit einem Ehevertrag besser als mit dem Standardmodell der Errungenschaftsbeteiligung. Dabei können Sie entweder nur einzelne Bestimmungen innerhalb der Errungenschaftsbeteiligung abändern oder zum Güterstand der Gütertrennung oder der Gütergemeinschaft wechseln.

- Sie wollen verhindern, dass das, was Sie während der Ehe aus Ihrem Einkommen sparen, bei einer Scheidung unter Ihnen halbiert oder im Todesfall mit den Miterben geteilt werden muss.
  → Im Ehevertrag können Sie Gütertrennung vereinbaren oder die Errungenschaftsbeteiligung beibehalten, aber einen anderen Verteilschlüssel abmachen.
- Einer von Ihnen arbeitet im eigenen Geschäft. Steigt der Wert des Geschäfts während der Ehe, muss dieser Mehrwert bei einer Scheidung oder im Todesfall mit dem Ehepartner bzw. mit den Miterben geteilt werden. Das kann schlimmstenfalls zum finanziellen Ruin der Firma führen.
  → Verhindern lässt sich dies durch Gütertrennung oder durch einen Ehevertrag, in dem Sie die Errungenschaftsbeteiligung zwar beibehalten, das Betriebsvermögen aber zu Eigengut erklären.
- Sie möchten, dass die ehelichen Ersparnisse im Todesfall an die hinterbliebene Partnerin, den Partner gehen.
  → Sie können die Errungenschaftsbeteiligung beibehalten, im Ehevertrag aber abmachen, dass die Errungenschaft ganz an die überlebende Seite fällt. Achtung: Das funktioniert nur für kinderlose Ehepaare oder gegenüber gemeinsamen Kindern.
- Einer von Ihnen oder beide haben Kinder aus einer früheren Beziehung. Im Vorder-

Q wie «Quick Wedding»: *In Las Vegas ja – und in der Schweiz?*

Ein paar Wochen sollten Sie schon einplanen; bei ausländischen Staatsangehörigen auch ein paar Monate. Vor der Trauung müssen Sie beim Zivilstandsamt der Wohngemeinde von Braut oder Bräutigam den Heiratswunsch persönlich anmelden und einigen Papierkram erledigen. Liegt die Bewilligung vor, kann die Heirat sofort stattfinden.

grund steht dann oft die bestmögliche Absicherung des weniger vermögenden Ehegatten im Todesfall.
→ Mit einem Ehevertrag auf Gütergemeinschaft lassen sich die erbrechtlichen Anteile der Kinder der vermögenden Seite oft tiefer halten als bei der Errungenschaftsbeteiligung.

- Bei einer Heirat in reiferen Jahren bringt eine Seite (oder bringen beide) oft nennenswertes Vermögen mit in die Ehe. Dieses Vermögen gehört zwar zum Eigengut und muss bei einer Auflösung der Ehe nicht geteilt werden, der Ertrag aus dem Eigengut fliesst aber in die Errungenschaft.
→ Ist das nicht erwünscht, können Sie die Errungenschaftsbeteiligung beibehalten, im Ehevertrag aber abmachen, dass diese Erträge Eigengut bilden.

Von Vorteil: ein Inventar

Der optimale Güterstand und der beste Ehevertrag nützen nichts, wenn Sie im Krisenfall nicht beweisen können, wem welcher Sachwert gehört und in welche Gütermasse er fällt. Misslingt der Beweis, gilt Miteigentum je zur Hälfte, und der Vermögenswert fällt in die Errungenschaft (bei Gütergemeinschaft ins Gesamtgut, wo dann auch Gesamteigentum gilt).

Hans O. erbt während der Ehe 50 000 Franken und kauft damit eine antike Skulptur. Jahre später stirbt seine Frau. Herr O. hat keine Belege, dass seine Skulptur ihm allein gehört und dass er sie mit seiner Erbschaft bezahlt hat. Damit riskiert er, dass seine Miterben zu Unrecht an diesem Vermögenswert beteiligt werden.

Damit stets klar ist, wem was gehört und welcher Gütermasse die Vermögenswerte zuzuteilen sind, empfiehlt es sich, ein Inventar aufzunehmen. Wer Vermögen mit in die Ehe bringt, tut dies am besten schon vor der Hochzeit und ergänzt die Liste bei späteren wertvollen Anschaffungen.

Neben dem Inventar helfen auch aufbewahrte Rechnungen, Verträge und Quittungen, das Eigentum an einer Sache zu beweisen.

Wenn Sie das Inventar in einer öffentlichen Urkunde – also von einer Notarin oder einer anderen Urkundsperson – erstellen lassen, hat es sogar erhöhte Beweiskraft. Dies gilt uneingeschränkt für das Inventar, das Sie bis spätestens ein Jahr nach der Heirat aufnehmen. Anschliessend oder bei einer späteren Ergänzung gilt die erhöhte Beweiskraft nur für Vermögenswerte, die maximal vor einem Jahr erworben wurden. Die Kosten für die Aufnahme eines Inventars mit öffentlicher Urkunde variieren von Kanton zu Kanton. Im Kanton Zürich sind es je nach Zeitaufwand zwischen 150 und 1000 Franken.

§ **GESETZESTEXT** Art. 195a ZGB

TIPP Auch ein Inventar, das Sie erst später oder ohne öffentliche Urkunde erstellen, ist keineswegs nutzlos. Im Streitfall wird das Gericht auch dem gewöhnlichen Inventar gute Beweiskraft zubilligen. Ein Musterinventar finden Sie im Anhang.

VORLAGE
Inventar

GELDER AUS AHV, PENSIONSKASSE UND SÄULE 3A

Ein wichtiger Teil des gemeinsamen Vermögens steckt in der Altersvorsorge, vor allem in der Pensionskasse und der Säule 3a. Sind Sie verheiratet, gilt für diese Guthaben sozusagen Errungenschaftsbeteiligung.

- Was Sie während der Ehe an AHV-Beiträgen zahlen, wird für die Berechnung der Renten hälftig auf Frau und Mann verteilt (= Splitting).
- Die Pensionskassenguthaben fallen zwar nicht unter das Güterrecht, aber bei einer Scheidung sorgt der Vorsorgeausgleich dafür, dass die Guthaben aus der Zeit der Ehe unter den Eheleuten halbiert werden.
- Die Guthaben der Säule 3a werden vom ehelichen Güterrecht erfasst. Wurden die Einzahlungen mit Erwerbseinkommen finanziert – und das ist in den meisten Fällen so –, wird das Geld bei Auflösung der Ehe also halbiert (ausser bei Gütertrennung).

Das eheliche Vermögen

DIE ERRUNGENSCHAFTS-BETEILIGUNG

Haben Sie keinen Ehevertrag abgeschlossen, gilt für Sie die Errungenschaftsbeteiligung. Juristen nennen sie den ordentlichen oder gesetzlichen Güterstand. Bei der Errungenschaftsbeteiligung sind Frau und Mann am wirtschaftlichen Erfolg ihrer Ehe gleichermassen beteiligt, unabhängig von ihrer Rollenverteilung.

Das heisst nun aber nicht, dass Ihnen die Hälfte des Einkommens Ihres Partners, Ihrer Partnerin gehört oder dass Sie einfach Zugriff auf die Hälfte der Ersparnisse haben. Die gegenseitige Beteiligung am Vermögenszuwachs wirkt sich erst aus, wenn der Güterstand aufgelöst wird – also bei einer Scheidung, im Todesfall oder wenn Sie per Ehevertrag zu einem anderen Güterstand wechseln. Dann kommt es zur güterrechtlichen Auseinandersetzung.

§ **GESETZESTEXT**
Art. 196–220 ZGB

Mein, dein, unser Vermögen

Die Heirat ändert nichts am Eigentum von Mann und Frau. Die Ehefrau bleibt Alleineigentümerin ihres Autos, das sie schon vor der Heirat fuhr, und der Ehemann bleibt Alleineigentümer seines in die Ehe eingebrachten Hauses. Auch nach der Heirat erwerben Mann und Frau bei Neuanschaffungen grundsätzlich Alleineigentum. Ein Vermögenswert steht nur dann im Miteigentum der Eheleute, wenn sie ihn gemeinsam erwerben. Aber: Lässt sich im Streitfall das Alleineigentum nicht beweisen, gilt ebenfalls Miteigentum je zur Hälfte.

Jim und Linda H. kaufen zusammen ein Haus. Sie lassen sich im Grundbuch als Miteigentümer je zur Hälfte eintragen. Dieser Eintrag gilt als Beweis für Miteigentum.

Was gilt bei Miteigentum?
Kein Ehepartner kann ohne Einwilligung des anderen über seinen Miteigentumsanteil verfügen. Jim H. kann also seinen Anteil am Haus nicht verkaufen, wenn seine Frau ihr Veto einlegt. Allerdings würde er sowieso kaum einen Käufer finden, denn wer will schon mit einer Wildfremden ein Haus teilen?

Immerhin kann jede Seite jederzeit die gerichtliche Auflösung des Miteigentums durchsetzen. Schlimmstenfalls kommt es dann zur öffentlichen Versteigerung an den Meistbietenden. Wird der Güterstand aber aufgelöst – zum Beispiel bei der Scheidung – gilt folgende Besonderheit: Das Gericht kann demjenigen Ehegatten, der ein überwiegendes Interesse hat, das Alleineigentum an der bisher im Miteigentum gestandenen Sache zuweisen – gegen Entschädigung natürlich. Der übernehmende Ehegatte muss in der Lage sein, dem anderen den aktuellen Verkehrswert auszuzahlen. Ein überwiegendes Interesse hat zum Beispiel die Ehefrau, die die Kinder betreut, oder der Ehemann im Rollstuhl, wenn die Wohnung extra behindertengerecht ausgebaut ist.

TIPP Solchen Auseinandersetzungen vorbeugen können Sie nur, wenn Sie gemeinsames Eigentum vermeiden. Gerade beim Kauf eines Eigenheims ist es in vielen Fällen gar nicht nötig, dass sich beide im Grundbuch eintragen lassen.

Nutzung und Verwaltung
Jede Seite bestimmt selbständig, wie sie ihr Vermögen nutzt und verwaltet. Die Ehefrau kann also nichts machen, wenn ihr Mann seine Ersparnisse auf dem Privatkonto liegen lässt, anstatt sie gewinnbringend anzulegen. Genauso bestimmt die Frau allein, ob sie ihre Ferienwohnung vermietet oder darin mit der Familie Ferien macht.

Zum Schutz der ehelichen Gemeinschaft ist die freie Nutzung des eigenen Vermögens aber eingeschränkt. So brauchen Sie die Zustimmung Ihres Ehemanns, Ihrer Frau, wenn Sie über die Familienwohnung verfügen wollen (siehe auch Seite 137). Und jeder von Ihnen muss aus dem eigenen Einkommen – und wenn nötig auch vom Vermögen – angemessene Beiträge an den Unterhalt der Familie leisten. Mehr dazu lesen Sie im Kapitel «Die Ehe leben» (ab Seite 90).

TIPP Ist Ihre Partnerin, Ihr Partner sparsam, während Sie Ihr Einkommen lieber ausgeben? Oder umgekehrt? Mit einer Gütertrennung (siehe Seite 131) können Sie unliebsame Diskussionen ums Geld entschärfen. So ist zumindest gesichert, dass der Sparsame im Krisenfall dem anderen nichts abgeben muss.

Errungenschaft und Eigengut

Jeder Vermögenswert gehört entweder zum Eigengut oder zur Errungenschaft eines Ehegatten. Kommt es zur Auflösung der Ehe und müssen die Vermögen von Frau und Mann auseinanderdividiert werden, gilt: Jede Seite behält ihr Eigengut, der Vorschlag – der Positivsaldo der Errungenschaft – wird hälftig geteilt.

Die Errungenschaft

Zur Errungenschaft gehören die Vermögenswerte, die Sie während der Ehe entgeltlich erwerben:
- Erwerbseinkommen
- Leistungen, die das Arbeitseinkommen ersetzen, etwa Renten der AHV, IV und der Pensionskasse, das Unfall-, Kranken- und Arbeitslosentaggeld
- Entschädigungen wegen Arbeitsunfähigkeit, insbesondere Zahlungen eines haftpflichtigen Unfallverursachers
- Erträge des Vermögens inklusive des Eigenguts, also zum Beispiel Bankzinsen, Dividenden, Mietzinseinnahmen
- Ersatzanschaffungen für Errungenschaft, zum Beispiel das Auto, das mit Ersparnissen aus Erwerbseinkommen gekauft wird

Bei der Bewertung der Errungenschaft von Mann oder Frau sind nur die aktuell vorhandenen Vermögenswerte relevant. Falsch wäre es also, alle während der Ehe je ausgezahlten Löhne zusammenzuzählen.

Während der Ehe hat Josef V. insgesamt 600 000 Franken verdient. Der grösste Teil wurde für den aufwendigen Lebensstil verbraucht. Als es zur Scheidung kommt, hat Herr V. noch 50 000 Franken übrig. Zu seiner Errungenschaft gehören nur diese 50 000 Franken.

Das Eigengut

Anstatt vom Eigengut sprechen manche auch vom Frauen- und vom Mannesgut. Zum Eigengut gehören:
- Alle Gegenstände, die dem Mann oder der Frau ausschliesslich zum persönlichen Gebrauch dienen, also zum Beispiel die Kleider, der Schmuck, Sportgeräte oder Musikinstrumente
- Vermögenswerte, die einer Seite zu Beginn des Güterstands gehören oder ihr später unentgeltlich zufallen: das in die Ehe eingebrachte Frauen- oder Mannesgut, Erbschaften, Erbvorbezüge oder Schenkungen
- Genugtuungsansprüche
- Ersatzanschaffungen für Eigengut, zum Beispiel das Ledersofa, das aus geerbtem Geld gekauft wird

Alle Vermögenswerte, die nicht dem Eigengut zugeordnet werden können, fallen in die Errungenschaft. Dies gilt vor allem auch im Streitfall, wenn eine Seite nicht beweisen kann, dass ein bestimmter Gegenstand zu ihrem Eigengut gehört. Darum sollten Sie nennenswertes Frauen- oder Mannesgut am besten in einem Inventar festhalten (siehe auch Seite 110).

Die gesetzlichen Vorgaben abändern

Die meisten dieser Regeln können Eheleute nicht abändern. So ist zum Beispiel die Einteilung der Vermögenswerte in Eigengut und Errungenschaft grundsätzlich zwingend. Sie können also auch in einem Ehevertrag nicht gültig vereinbaren, dass Erbschaften in die Errungenschaft fallen.

Erträge des Eigenguts

Zulässig ist es aber, im Ehevertrag zu bestimmen, dass die Erträge des Eigenguts nicht in die Errungenschaft fallen. Gerade wenn sehr hohe voreheliche Vermögen vorhanden sind oder wenn grosse Erbschaften anfallen, lässt sich auf diese Weise eine Beteiligung am Vermögenszuwachs aus dem Eigengut des Partners, der Partnerin ausschliessen.

Paloma K.s Vermögen vor der Heirat beträgt rund fünf Millionen; es wirft durchschnittlich 200 000 Franken pro Jahr ab. Paloma und ihr Ehemann Pablo wollen verhindern, dass seine Kinder aus früherer Ehe nach seinem Tod von den Vermögenserträgen der Stiefmutter profitieren. Im Ehevertrag vereinbaren sie deshalb, dass die Erträge des Eigenguts nicht in die Errungenschaft fallen.

Die Errungenschaft anders verteilen

Via Ehevertrag lässt sich die hälftige Beteiligung an der Errungenschaft abändern. Manche Ehepaare weisen für den Todesfall den gesamten Vorschlag der hinterbliebenen Seite zu. Haben Sie und Ihre Partnerin, Ihr Partner gar keine Eigengüter, erhält die Witwe oder der Witwer so bereits aus Güterrecht das gesamte eheliche Vermögen; die anderen Erben gehen leer aus. Gegenüber gemeinsamen Kindern oder für kinderlose Ehepaare ist das erlaubt. Nicht gemeinsame Kinder können dagegen eine Auszahlung in der Höhe ihres Pflichtteils fordern.

> **R wie Ring:**
> *Gehört er an die linke oder an die rechte Hand?*
>
> In der Schweiz trägt man den Ehering eher links. Ebenso in Italien und Frankreich. Die Nachbarn in Deutschland und Österreich tragen ihn dagegen eher rechts. Warum, weiss niemand so genau. Für Linksträger geistert die Erklärung von der Nähe zum Herzen rum. Die Rechtsträger mögen sich auf den sprichwörtlichen Handschlag berufen, mit dem man Abmachungen bekräftigt. Machen Sie es einfach, wie es Ihnen am besten gefällt.

Anstelle der Zuweisung des ganzen Vorschlags wäre auch ein anderer Verteilschlüssel möglich, zum Beispiel ein Drittel zu zwei Dritteln.

GUT ZU WISSEN Soll eine vom Gesetz abweichende Aufteilung auch bei der Scheidung oder beim Wechsel zu einem anderen Güterstand gelten, muss dies im Ehevertrag besonders erwähnt sein. Ansonsten wird davon ausgegangen, dass die Abänderung nur im Todesfall gilt.

Absicherung für Selbständige: die Unternehmerklausel

Im Ehevertrag können Eheleute das Berufs- und Gewerbevermögen einer Seite zu Eigengut erklären. Gemeint ist jede Art von selbständiger Erwerbstätigkeit: landwirtschaftliche Betriebe, eine Bäckerei, die Arztpraxis, die Anwaltskanzlei, das Transportunternehmen oder eine Fabrik. Die Grösse des Unternehmens spielt keine Rolle. Auch eine Beteiligung an einem Unternehmen gehört dazu, wenn zum Beispiel die Ehefrau in der Firma massgebend mitwirkt. Reine Kapitalanlagen sind dagegen ausgeschlossen.

George G. baut während der Ehe ein erfolgreiches Bauunternehmen auf, sein Wert: fünf Millionen Franken. Ohne Abmachung im Ehevertrag könnte Carla G. bei der Scheidung die Hälfte, also 2,5 Millionen Franken, verlangen. Herr G. müsste schlimmstenfalls die Firma verkaufen, um seine Frau auszahlen zu können.

Wenn Sie sich für eine solche Lösung entscheiden, sollten Sie auch an die Absicherung der Partnerin, des Partners denken. Haben Sie neben Ihrem Betriebsvermögen noch andere Errungenschaftsmittel, könnten Sie zum Beispiel im Ehevertrag zusätzlich abmachen, dass diese bei einer Scheidung und/oder im Todesfall mehrheitlich oder ausschliesslich an die andere Ehehälfte fallen.

Toni und Barbara S. vereinbaren im Ehevertrag, dass das Malergeschäft von Herrn S. zu seinem Eigengut gehört. Als Ausgleich fallen drei Viertel der restlichen Errungenschaft bei einer Scheidung an Barbara S., und nur ein Viertel geht an den Ehemann.

TIPP Nicht immer reichen die Mittel für einen solchen Ausgleich, etwa wenn praktisch das ganze Vermögen im Betrieb steckt. Welche Lösungen dann noch machbar und fair sind, besprechen Sie am besten mit einer auf Familienrecht spezialisierten Anwältin, einem spezialisierten Anwalt.

Beteiligungsrechte – Ersatzforderungen

Die Errungenschaftsbeteiligung ist eigentlich ein simpler Güterstand. Komplizierter wird es erst, wenn die verschiedenen Gütermassen miteinander vermischt werden. Das passiert zum Beispiel, wenn der Ehemann mit Mitteln seiner Errungenschaft – zum Beispiel aus dem Arbeitsverdienst – die Schulden seines Eigenguts zahlt. Oder wenn er mit Mitteln aus seinem Eigengut Investitionen in einen Vermögenswert in der Errungenschaft seiner Frau tätigt. Bei der Auflösung der Ehe steht der Gütermasse, aus der die Gelder stammen, rechnerisch eine Ersatzforderung zu.

TIPP Solche Berechnungen sind anspruchsvoll und Sie überlassen sie am besten Fachpersonen. Wer lieber selber rechnet, findet sogleich ein Beispiel. Die sauberste Berechnung nützt aber nichts, wenn Sie im Streitfall die Herkunft Ihrer Gelder nicht beweisen können. Darum halten Sie solche Vorgänge zumindest schriftlich fest. Noch besser ist ein öffentliches Inventar.

Klara C. erbt eine Liegenschaft, diese gehört also in ihr Eigengut. Frau C. amortisiert 100 000 Franken Hypothek mit Erspartem aus ihrem Lohneinkommen. Damit tilgt ihre Errungenschaft eine Schuld ihres Eigenguts. Bei der Berechnung des Vorschlags werden die Amortisationszahlungen Frau C.s Errungenschaft gutgeschrieben. Auch Ehemann Clive beteiligt sich mit 50 000 Franken an der Amortisation der Hypothek. Dazu verwendet er Ersparnisse aus der Zeit vor der Ehe, also Eigengut. Sein Eigengut hat eine Ersatzforderung gegenüber dem Eigengut seiner Frau. Die Liegenschaft ist mit 800 000 Franken bewertet. Nach den Amortisationen von Klara und Clive beträgt die Hypothek noch 200 000 Franken. Wie die Ersatzforderungen berechnet werden, sehen Sie im Kasten auf der nächsten Seite.

Mehr- und Minderwerte

Vermögenswerte können mit der Zeit an Wert zulegen oder verlieren. Ist eine Gütermasse an der anderen beteiligt, werden solche Wertschwankungen auch bei den Beteiligungen berücksichtigt. Dabei werden zwei Situationen unterschieden:

- Sind Eigengut und Errungenschaft eines Ehegatten betroffen wie bei Klara C.s Amortisation der Hypothek, wird sowohl ein Mehr- wie auch ein Minderwert berücksichtigt. Wäre also seit der Amortisation der Wert der Liegenschaft zum Beispiel um einen Viertel gesunken, würden nur noch 75 000 Franken in Klaras Errungenschaft fallen.
- Hat eine Seite – wie bei der Amortisation von Clive C. – in einen Vermögenswert der anderen investiert, wird nur der Mehrwert berücksichtigt

GESETZESTEXT
Art. 209 Abs. 3 ZGB

(Art. 206 Abs. 1 ZGB). Auch wenn der Wert der Liegenschaft gesunken wäre, könnte Herr C. also die vollen 50 000 Franken geltend machen.

BERECHNUNG DER ERSATZFORDERUNGEN

	Eigengut Klara		Errungenschaft Klara		Eigengut Clive	
	aktiv	passiv	aktiv	passiv	aktiv	passiv
Wert der Liegenschaft	800 000					
Hypothek		200 000				
Amortisation Klara		100 000	100 000			
Amortisation Clive		50 000			50 000	
	Eigengut Klara: 450 000		Errungenschaft Klara: 100 000		Eigengut Clive: 50 000	

Ist eine solche Mehrwertbeteiligung nicht erwünscht, können Sie sie ganz oder teilweise ausschliessen. Dafür braucht es keinen Ehevertrag. Eine einfache schriftliche Vereinbarung reicht.

👁 **Cornelia A. kauft ein Gemälde,** das 30 000 Franken kostet. Ehemann Tom beteiligt sich mit 10 000 Franken daran. Käme es zur Scheidung und hätte sich der Wert des Gemäldes auf 60 000 Franken verdoppelt, wären die Eheleute am Mehrwert proportional zu ihrem finanziellen Engagement beteiligt. Cornelia also mit zwei Dritteln, ihr Mann mit einem Drittel. Tom A. könnte seine ursprüngliche Investition von 10 000 Franken und eine Mehrwertbeteiligung von 10 000 Franken verlangen.

AUSSCHLUSS DER MEHRWERTBETEILIGUNG

«Wir halten fest, dass Tom 10 000 Franken an den Kauf von Cornelias Gemälde ‹Der springende Hirsch› beigesteuert hat. An einem allfälligen Mehrwert ist Tom nicht beteiligt.»

Die güterrechtliche Auseinandersetzung

Die folgenden Regelungen müssen Verlobte, frisch Verheiratete und langjährig glückliche Ehepaare eigentlich nicht interessieren. Sie betreffen allesamt den Krisenfall, in erster Linie Scheidung und Tod. Da aber niemand vor einer späteren Krise gefeit ist, möchten Sie vielleicht doch wissen, was mit Ihrem Vermögen passieren würde. Die güterrechtliche Auseinandersetzung lässt sich grob in folgende Etappen unterteilen:
1. Eigentumsverhältnisse klären und Schulden regeln
2. Vermögenswerte dem Eigengut und der Errungenschaft zuordnen
3. Vorschlag berechnen
4. Beteiligungsforderungen bewerten und begleichen

Eigentumsverhältnisse klären und Schulden regeln

Wie bei einer ordentlichen Buchhaltung wird zunächst festgestellt, welche Guthaben und welche Schulden Mann und Frau haben. Auf der Aktivseite werden das Eigentum und die Forderungen aufgeführt, auf der Passivseite die Schulden.

Bei Cornelia und Tom A. (siehe nebenstehendes Beispiel) ist unbestritten, dass das Auto dem Ehemann und die Wohnungseinrichtung der Frau gehört. Das Auto kommt auf die Aktivseite des Mannes, die Möbel werden auf die Aktivseite der Frau gesetzt. Tom schuldet Cornelia noch die Rückzahlung eines Darlehens sowie die Trennungsalimente für das letzte Halbjahr. Diese Ausstände verbucht er bei den Passiven, Cornelia bei ihren Aktiven. Auch die finanziellen Beteiligungen am Bild werden zugeordnet (siehe Kasten).

EIGENTUM UND SCHULDEN KLÄREN

Cornelia		Tom	
Aktiven	Passiven	Aktiven	Passiven
Wohnungseinrichtung	Toms Investition ins Bild und Mehrwertanteil	Auto	Darlehensforderung
Darlehensforderung		Investition in Cornelias Bild und Mehrwertanteil	Alimentenforderung
Alimentenforderung			
Bild «Der springende Hirsch»			

Zuordnung zu Eigengut und Errungenschaft

Jeder Vermögenswert wird als Ganzes einer Gütermasse zugeordnet. Sind beide Gütermassen beteiligt, kommt der Vermögenswert in die Gütermasse mit der grösseren Beteiligung. Der anderen Gütermasse steht eine Ersatzforderung zu (siehe Seite 117). Wurde ein Vermögenswert nur mit Fremdkapital finanziert (Kreditkauf), wird er der Errungenschaft zugewiesen.

👁 **Sina D. hat ihr Segelboot** zu 10 Prozent mit Eigengut finanziert, 90 Prozent stammen aus gespartem Lohn, also aus ihrer Errungenschaft. Der aktuelle Wert des Segelboots ist 100 000 Franken. Dieser Wert wird der Errungenschaft zugeordnet.

ZUORDNUNG ZU EIGENGUT UND ERRUNGENSCHAFT

Errungenschaft		Eigengut	
Guthaben	**Schulden**	**Guthaben**	**Schulden**
Wert Segelboot: 100 000	Finanzierungsanteil Eigengut: 10 000	Finanzierungsanteil Eigengut: 10 000	keine
Saldo der Errungenschaft (= Vorschlag): 90 000		Saldo des Eigenguts: 10 000	

Eine **Schuld** belastet immer die Gütermasse, mit der sie sachlich zusammenhängt, in Zweifelsfällen die Errungenschaft.

S wie Stiefeltern:
Welche Verantwortung tragen sie?

Stiefeltern haben kein Sorgerecht für «ihre» Kinder. Sie müssen den Ehemann, die Ehefrau bei der Erziehung aber unterstützen und notfalls auch vertreten. Stiefeltern haben auch nicht direkt für den Unterhalt ihrer Stiefkinder aufzukommen. Treffen die Kinderalimente nicht ein oder reicht das Kindergeld aus anderen Gründen nicht, müssen aber auch sie finanziell aushelfen. Eine Adoption des Stiefkinds ist frühestens nach dreijähriger Ehe möglich. Stiefeltern und Stiefkinder haben kein gegenseitiges gesetzliches Erbrecht. Soll das Kind des Ehepartners erben, braucht es eine entsprechende Anordnung im Testament.

👁 **Lisa B.s Ferienwohnung** kostet 300 000 Franken. Sie finanziert sie zu 70 Prozent mit Hypotheken, zu 20 Prozent mit Errungenschaftsmitteln und zu 10 Prozent mit Eigengut. Da die Beteiligung der Errungenschaft grösser ist als diejenige aus Eigengut, wird die Liegenschaft der Errungenschaft zugewiesen. Die Hypothekarschuld wird ebenfalls der grösseren Gütermasse, also der Errungenschaft, zugewiesen.

ZUORDNUNG DER SCHULDEN

Errungenschaft		Eigengut	
Guthaben	Schulden	Guthaben	Schulden
Ferienwohnung: 300 000	Hypothek: 210 000		keine
	Ersatzforderung des Eigenguts: 30 000	Ersatzforderung von Errungenschaft: 30 000	
Saldo der Errungenschaft (= Vorschlag): 300 000 − 210 000 − 30 000 = 60 000		Saldo des Eigenguts: 30 000	

Den Vorschlag berechnen

Jeder Seite steht die Hälfte des Vorschlags der anderen zu – ausser im Ehevertrag ist etwas anderes vereinbart. Die Summen werden verrechnet. Ist die Errungenschaft negativ, muss jede Seite diesen sogenannten Rückschlag selber tragen. Es gibt also keine nachträgliche Beteiligung an den Schulden des anderen.

👁 **Ruth M. kommt auf einen Vorschlag** von 70 000 Franken, ihr Mann Jörg auf 100 000 Franken. Ruth muss von ihrem Vorschlag die Hälfte, also 35 000 Franken, abgeben. Bei Jörg sind es 50 000 Franken. Die beiden Vorschläge werden verrechnet, und Herr M. muss seiner Frau 15 000 Franken zahlen (50 000 minus 35 000).

👁 **Walter U.s Errungenschaft** ist mit 30 000 Franken im Minus, er hat also einen Rückschlag zu verbuchen. Die Errungenschaft seiner Frau ist im Plus, ihr Vorschlag beträgt 10 000 Franken. Am Rückschlag des Ehemanns muss sich Frau U. nicht beteiligen, aber sie muss ihm die Hälfte ihres Vorschlags, also 5000 Franken, abgeben.

Was gilt, wenn zum Beispiel der Ehemann ohne Wissen seiner Frau seine Errungenschaft durch Schenkungen geschmälert hat? Dann kommt die **Hin-**

zurechnung zum Tragen. Schenkungen, die nicht länger als fünf Jahre zurückliegen, werden zur Errungenschaft hinzugezählt, wie wenn sie noch vorhanden wären. Keine Zeitlimite gibt es, wenn der Ehemann Vermögenswerte zu einem Spottpreis oder gratis weggegeben hat, nur um den Beteiligungsanspruch seiner Frau zu schmälern.

Fehlen dann die Mittel für eine korrekte Teilung, riskiert die beschenkte Person eine Rückforderung von der geprellten Ehefrau.

Nicht hinzugerechnet werden Beträge, die ein Ehegatte selber verbraucht hat, sowie die üblichen Gelegenheitsgeschenke, etwa zum Geburtstag oder an Weihnachten. Und natürlich wird auch nichts hinzugerechnet, wenn die andere Seite der Schenkung zugestimmt hat.

§ **GESETZESTEXT**
Art. 208 ZGB

👁 **Franz S. verkauft seine Ferienwohnung** für 200 000 Franken an seinen Sohn Udo aus erster Ehe. Der tatsächliche Wert der Wohnung liegt aber bei 800 000 Franken. Ehefrau Lea ist mit dem Schleuderpreis gar nicht einverstanden, kann das Geschäft aber nicht verhindern. Ist Herr S. bei einer späteren Scheidung mittellos, kann Frau S. von ihrem Stiefsohn die Hälfte des geschenkten Betrags, also 300 000 Franken, fordern.

Beteiligungsforderungen bewerten und begleichen

Die Beteiligungsforderungen werden mit ihrem Verkehrswert zum Zeitpunkt der güterrechtlichen Auseinandersetzung berücksichtigt. Das muss nicht dasselbe Datum sein wie dasjenige der Auflösung des Güterstands. Unter Umständen liegt eine grosse Zeitspanne dazwischen, zum Beispiel bei einem langjährigen Scheidungsprozess oder wenn die Kinder und die Mutter das Erbe des verstorbenen Vaters länger nicht teilen.

👁 **Karl V. reichte am 20. Oktober 2019** die Scheidungsklage ein. Das ist der Zeitpunkt der Auflösung des Güterstands und damit relevant für die Ausscheidung von Errungenschaft und Eigengut. Herrn V.s Errungenschaft besteht zu diesem Zeitpunkt aus einem Wertschriftendepot in Höhe von 100 000 Franken. Als die Ehe im Februar 2021 endlich geschieden wird, kommt es erst zur güterrechtlichen Auseinandersetzung. Inzwischen ist der Wert des Depots auf 80 000 Franken gesunken. Karl V. muss nur noch diese 80 000 Franken mit seiner Ex-Frau teilen.

Bereitet es einem Ehegatten erhebliche Schwierigkeiten, die Beteiligungsforderung sofort zu begleichen, kann das Gericht ihm einen Zahlungsaufschub gewähren. Dann muss er die Schuld verzinsen und allenfalls dafür Sicherheit leisten.

👁 **Karl V. muss ein paar Monate warten,** bis er ohne grössere Verluste Mittel aus seinem Wertschriftendepot abziehen kann. So lang wird ihm die Zahlung der Schuld gestundet. Er muss aber seiner Ex-Frau das Depot als Sicherheit verpfänden.

Alle Regeln an einem Beispiel

Als Erstes eine einfache güterrechtliche Auseinandersetzung, bei der klar ist, was wem gehört, und keine gegenseitigen Beteiligungen berücksichtigt werden müssen.

👁 **Benno R. hat eine Eigentumswohnung** in die Ehe eingebracht. Sie hat einen Wert von 500 000 Franken und ist mit einer Hypothek von 200 000 Franken belastet. Während der Ehe konnte Herr R. von seinen Einkünften 100 000 Franken sparen. Die Ersparnisse hat er auf verschiedenen Konten angelegt. Ehefrau Inès hat nach der Heirat ihre Tante beerbt. Das Geld hat sie in Aktien angelegt, Wert: 90 000 Franken. Während der Ehe hat sie aus ihrem Einkommen und aus Vermögensertrag 50 000 Franken auf ihrem Sparkonto geäufnet. Nun werden die Eigentumswohnung, die Aktien und die Sparkonten dem Eigengut und der Errungenschaft von Benno und Inès zugewiesen (siehe Kasten).

Jede Seite behält ihr Eigengut. Die beiden Vorschläge werden addiert, und die Summe von 150 000 Franken wird halbiert. Benno und Inès R. stehen je 75 000 Franken zu. Inès kann also noch 25 000 Franken von ihrem Mann fordern.

EINFACHE GÜTERRECHTLICHE AUSEINANDERSETZUNG

Eigengut Inès		Errungenschaft Inès		Errungenschaft Benno		Eigengut Benno	
Aktiven	Passiven	Aktiven	Passiven	Aktiven	Passiven	Aktiven	Passiven
Aktien: 90 000	keine	Erspartes: 50 000	keine	Erspartes: 100 000	keine	Wohnung: 500 000	Hypothek: 200 000
Saldo Eigengut Inès: 90 000		Vorschlag Inès: 50 000		Vorschlag Benno: 100 000		Saldo Eigengut Benno: 300 000	

Das gleiche Beispiel etwas komplizierter

Herr und Frau R. haben gemeinsam die Hypothek von ursprünglich 200 000 Franken auf 100 000 Franken abgezahlt. 90 000 Franken stammen aus der Erbschaft von Inès, 10 000 aus Ersparnissen von Benno. Was das für die güterrechtliche Auseinandersetzung bedeutet, sehen Sie im folgenden Kasten.

Am Vorschlag ändert sich nichts: Herr R. muss seiner Frau 25 000 Franken überweisen. Zusätzlich schuldet er ihr aber 90 000 Franken für den «Verlust» ihrer Aktien. Total braucht Benno R. also liquide Mittel von 115 000 Franken. Doch er hat nur 90 000 Franken flüssig, der Rest steckt in der Wohnung. Er einigt sich mit Inès, dass er die fehlenden 25 000 Franken in monatlichen Raten von 1000 Franken abzahlen kann.

GÜTERRECHTLICHE AUSEINANDERSETZUNG BEI GEGENSEITIGEN BETEILIGUNGEN

Eigengut Inès		Errungenschaft Inès		Errungenschaft Benno		Eigengut Benno	
Aktiven	Passiven	Aktiven	Passiven	Aktiven	Passiven	Aktiven	Passiven
Ersatzforderung für abbezahlte Hypothek: 90 000	keine	Erspartes: 50 000	keine	Erspartes: 90 000	keine	Wohnung: 500 000	Hypothek: 100 000
				Ersatzforderung für abbezahlte Hypothek: 10 000			Ersatzforderung Eigengut Inès: 90 000
							Ersatzforderung Errungenschaft Benno: 10 000
Saldo Eigengut Inès: 90 000		Vorschlag Inès: 50 000		Vorschlag Benno: 100 000		Saldo Eigengut Benno: 300 000	

Das gleiche Beispiel noch etwas komplizierter

Liegenschaften haben in den vergangenen Jahren mit schöner Regelmässigkeit an Wert zugelegt. Bei Benno und Inès R. hat sich der Wert der Wohnung verdoppelt, Herr R. könnte sie für eine Million Franken verkaufen. Am Mehrwert von 500 000 Franken sind alle Vermögensanteile, die in der Wohnung stecken, proportional beteiligt (siehe Kasten).

MEHRWERTANTEILE BERECHNEN

	Eigengut Inès	Errungenschaft Benno	Eigengut Benno	Hypothek	Total
Investitionen	90 000	10 000	300 000	100 000	500 000
Beteiligungsverhältnis	9/50	1/50	30/50	10/50	1
Mehrwert	90 000	10 000	300 000	100 000	500 000
Zuteilung des Mehrwerts auf der Hypothek			100 000		
Total Ansprüche (Investition + Mehrwert)	180 000	20 000	700 000	100 000	1 000 000

Diese Mehrwertanteile sind in der nebenstehenden Berechnung noch entsprechend zu berücksichtigen. Das heisst: Benno R.s Eigengut beträgt nun 700 000 Franken. Die Ersatzforderung des Eigenguts von Inès R. verdoppelt sich auf 180 000 Franken. Auch die 10 000 Franken, die Benno aus seiner Errungenschaft für die Amortisation der Hypothek verwendet hat, erhöhen sich mit dem Mehrwertanteil auf 20 000 Franken. Der Vorschlag des Ehepaars R. beläuft sich damit insgesamt auf 160 000 Franken (Erspartes Inès: 50 000 + Erspartes Bruno: 90 000 + Investition inkl. Mehrwert Bruno aus seinem Ersparten: 20 000).

Frau R. steht die Hälfte davon zu. Sie behält ihre Ersparnisse von 50 000 Franken und erhält von ihrem Mann die Differenz von 30 000 Franken. Zudem muss er ihr ihre Ersatzforderung von 180 000 Franken (90 000 Investition + 90 000 Mehrwert) auszahlen.

Benno R. braucht also insgesamt 210 000 Franken, um seine Frau auszahlen zu können. Da er nur 90 000 Franken flüssig hat, erhöht er die Hypothek auf der Wohnung. Mit dem Geld der Bank kann er die Forderungen von Inès begleichen.

BUCHTIPP

Mehr Informationen zur güterrechtlichen Auseinandersetzung

Beobachter-Ratgeber:
Faire Scheidung. Gute Lösungen für alle Beteiligten
www.beobachter.ch/buchshop

DIE GÜTERGEMEINSCHAFT

Die Gütergemeinschaft entsteht, wenn Mann und Frau diesen Güterstand in einem Ehevertrag vereinbaren. Im Unterschied zur Errungenschaftsbeteiligung gibt es bei der Gütergemeinschaft nur drei Gütermassen: das Eigengut der Frau, das Eigengut des Mannes und das Gesamtgut der Eheleute.

Ehepaare können zwischen drei Arten der Gütergemeinschaft auswählen:
- Beim **Grundmodell**, bei der allgemeinen Gütergemeinschaft, fallen die Einkünfte beider Eheleute und praktisch das ganze Vermögen ins Gesamtgut. Das gilt auch für Vermögenswerte, die Mann und Frau in die Ehe mitbringen.

GÜTERGEMEINSCHAFT GRUNDMODELL

Eigengut Mann	Gesamtgut	Eigengut Frau
– Gegenstände zum persönlichen Gebrauch	– Voreheliches Vermögen – Erbschaften – Ersparnisse aus Erwerbs- und Renteneinkommen	– Gegenstände zum persönlichen Gebrauch

- Bei der **Errungenschaftsgemeinschaft** umfasst das Gesamtgut die Errungenschaft à la Errungenschaftsbeteiligung (siehe Seite 114).

ERRUNGENSCHAFTSGEMEINSCHAFT

Eigengut Mann	Gesamtgut	Eigengut Frau
– Gegenstände zum persönlichen Gebrauch – Voreheliches Vermögen – Erbschaften	– Ersparnisse aus Erwerbs- und Renteneinkommen	– Gegenstände zum persönlichen Gebrauch – Voreheliches Vermögen – Erbschaften

- Bei der **Ausschlussgemeinschaft** können die Eheleute bestimmte Arten von Vermögenswerten dem Eigengut zuweisen, etwa ein Grundstück.

AUSSCHLUSSGEMEINSCHAFT

Eigengut Mann	Gesamtgut	Eigengut Frau
– Gegenstände zum persönlichen Gebrauch – Liegenschaft Mann	– Voreheliches Vermögen – Erbschaften – Ersparnisse aus Erwerbs- und Renteneinkommen	– Gegenstände zum persönlichen Gebrauch – Geschäftsvermögen der GmbH der Frau

§ **GESETZESTEXT** Art. 221–246 ZGB

Für alle drei Modelle gilt eine ähnliche Beweisregel wie bei der Errungenschaftsbeteiligung: Wer behauptet, ein Wert gehöre ins Eigengut, muss dies im Streitfall beweisen können. Misslingt der Beweis, werden die strittigen Vermögenswerte dem Gesamtgut zugewiesen.

Was ist das Besondere bei der Gütergemeinschaft?

Bei der Gütergemeinschaft gibt es ein Gesamtgut, über das Mann und Frau grundsätzlich nur gemeinsam verfügen können. Denn es gehört beiden. So ist der Verkauf eines Autos, das zum Gesamtgut gehört, nur möglich, wenn beide Eheleute einverstanden sind. Stimmt eine Seite nicht zu, kann auch das Gericht nicht für oder gegen den Verkauf entscheiden. Als Ausweg bleibt dann nur, die Gütertrennung zu verlangen. Dabei kommt es zur güterrechtlichen Auseinandersetzung, und der umstrittene Gegenstand wird entweder einer Seite zugeteilt (gegen Entschädigung) oder er wird verkauft und der Erlös wird geteilt.

Auch eine Erbschaft, die ins Gesamtgut fällt, kann der Ehemann nur ausschlagen, wenn seine Frau zustimmt. Und eine überschuldete Erbschaft kann er nur annehmen, wenn sie damit einverstanden ist. Erhält er ihre Zustimmung nicht, kann er aber um gerichtliche Genehmigung ersuchen.

Besondere Haftungsregeln

Bei der Gütergemeinschaft unterscheidet man zwischen Eigenschulden und Vollschulden. Diese Unterscheidung ist relevant für das Haftungssubstrat, also dafür, welche Vermögenswerte von den Gläubigern gepfändet werden können.

Für Vollschulden haftet jeder Ehegatte mit seinem Eigengut und dem ganzen Gesamtgut. Für die Eigenschulden haftet jeder Ehegatte mit seinem Eigengut, aber nur der Hälfte des Gesamtguts.

👁 **Fritz und Gerda L.** haben im Ehevertrag abgemacht, dass die Ferienwohnung der Ehefrau zu ihrem Eigengut gehört. Für die Kosten der neuen Heizung in der Ferienwohnung haftet nur Frau L.; es handelt sich um eine Eigenschuld. Von einer Pfändung wäre aber nicht nur ihr Eigengut, sondern auch die Hälfte des Gesamtguts betroffen.

Weil bei allen Varianten der Gütergemeinschaft das Gesamtgut ganz oder teilweise als Haftungssubstrat dient, erhalten bei einer Betreibung immer beide Eheleute einen Zahlungsbefehl.

WAS SIND VOLLSCHULDEN?

- Schulden im Zusammenhang mit alltäglichen Bedürfnissen der Familie (siehe Seite 76)
- Schulden, die bei der Verwaltung des Gesamtguts entstehen
- Schulden aus dem Geschäftsbetrieb, wenn dieser zum Gesamtgut gehört oder wenn der Gewinn daraus ins Gesamtgut fällt
- Schulden, für die auch der andere Ehegatte persönlich haftet – ein mitunterzeichneter Kreditvertrag zum Beispiel –, oder wenn beide mit dem Gläubiger abgemacht haben, dass das Gesamtgut haftet

Wann ist die Gütergemeinschaft sinnvoll?

Der Gesetzgeber wollte den Eheleuten ein «À la Carte»-Menu ermöglichen. Wer also einen massgeschneiderten Güterstand wünscht, ist mit der Gütergemeinschaft am besten bedient. Die Realität zeigt jedoch, dass die wenigsten Eheleute ein solches Bedürfnis haben. Nur rund drei Prozent der Ehepaare wählten diesen Güterstand.

Hilfreich kann die Gütergemeinschaft für die optimale erbrechtliche Absicherung des überlebenden Ehepartners sein. Kinderlose Personen mit erheblichem Eigengut können damit den Pflichtteil der Eltern ausschalten und Eheleute mit nicht gemeinsamen Kindern können je nach Zusammensetzung des Vermögens den Anteil des überlebenden Ehepartners stärker vergrössern als bei der Errungenschaftsbeteiligung. Sobald die Erbrechtsrevision in Kraft ist (per 1. Januar 2023), verlieren die Eltern den Pflichtteilsschutz. Ab dann können Sie die Eltern einfach in einem handschriftlichen Testament vom Erbe ausschliessen.

👁 **Mirjam und Jamil H.** haben einen Ehevertrag auf Gütergemeinschaft abgeschlossen. Frau H. hat 200 000 Franken geerbt. Während der Ehe konnte sie aus ihrem Einkommen 40 000 Franken sparen, ihr Mann 80 000 Franken. Das eheliche Vermögen beträgt also total 320 000 Franken und fällt vollumfänglich ins Gesamtgut. Nennenswertes Eigengut haben die beiden nicht. Stirbt Herr oder Frau H., geht die Hälfte des Gesamtguts an die hinterbliebene Seite, die andere Hälfte fällt in den Nachlass. Am Nachlass von Frau H. ist neben ihrem Mann auch ihr Sohn Daniel aus ihrer ersten Ehe beteiligt. Wenn Frau H. zuerst stirbt, erhält ihr Mann dank Gütergemeinschaft insgesamt 260 000 Franken.

	Eigengut Jamil	Gesamtgut Eheleute	Eigengut Mirjam
Eheliches Vermögen	0	320 000	0
In den Nachlass fällt	0	½ = 160 000	0
Pflichtteil des Sohnes am Gesamtgut (½ × ⅜ = ³⁄₁₆)		⅜ von 160 000 = 60 000	
Der Ehemann erhält		260 000	

Anders sähe es aus, wenn für das Ehepaar H. die Errungenschaftsbeteiligung gelten würde. Zwar könnten sich die beiden in einem Ehevertrag gegenseitig den ganzen Vorschlag zuwenden. Doch die 200 000 Franken Erbschaft von Mirjam H. fielen als Eigengut in ihren Nachlass, an dem ihr Sohn Daniel beteiligt wäre. Sein Pflichtteil würde drei Achtel oder 75 000 Franken ausmachen. Damit erhielte Herr H. 15 000 Franken weniger.

Auch wenn die Erbrechtsrevision per 1. Januar 2023 in Kraft tritt, wird zwischen den beiden Varianten ein Unterschied bestehen bleiben. Da der Pflichtteil des Sohnes dann aber kleiner ausfällt, wird auch der Unterschied kleiner.

Die güterrechtliche Auseinandersetzung

Wie wird das eheliche Vermögen bei der Auflösung der Gütergemeinschaft aufgeteilt? Das Gesetz unterscheidet zwei Situationen:
- Stirbt der Mann oder die Frau, erhält die hinterbliebene Seite die Hälfte des Gesamtguts. Die andere Hälfte geht an alle Erben gemeinsam. Im Ehevertrag lässt sich ein anderer Verteilschlüssel vereinbaren, aber es

dürfen damit nicht die Pflichtteile der Nachkommen umgangen werden. Die hälftige Teilung gilt auch, wenn das Ehepaar einen anderen Güterstand vereinbart.

- Anders bei einer Scheidung. Dann werden alle Vermögenswerte, die bei der Errungenschaftsbeteiligung Eigengut wären, als Eigengut behandelt. Nur der Rest des Gesamtguts wird hälftig geteilt. Die Abrechnung führt also zum selben Resultat, wie wenn die Eheleute von Anfang an die Errungenschaftsbeteiligung beibehalten hätten (siehe Seite 112). Auch hier kann man im Ehevertrag einen anderen Teilungsschlüssel abmachen.

Hannes und Selina F. haben im Ehevertrag folgende Klausel: «Im Todesfall erhält der überlebende Ehegatte das ganze Gesamtgut. Wird der Güterstand durch Scheidung aufgelöst, erhält die Ehefrau in Abweichung von Artikel 242 Absatz 2 ZGB einen Drittel, der Ehemann zwei Drittel des Gesamtguts. In den übrigen Fällen gelten die gesetzlichen Vorschriften.»

T wie Traulokal: *Darf man einfach irgendwo heiraten?*

Offiziell kann eine zivile Heirat nur in einem amtlich anerkannten Traulokal stattfinden. Das muss nicht in der Wohngemeinde und auch nicht im Amtshaus sein. Viele Gemeinden stellen als amtliche Traulokale stilvolle Lokalitäten zur Verfügung. Geben Sie im Internet das Suchwort «Traulokale» ein. Sie werden staunen.

DIE GÜTERTRENNUNG

Eheleute können im Ehevertrag auch die Gütertrennung wählen. Zudem kann das Gericht in gewissen Situationen bestimmen, dass in einer Ehe die Gütertrennung als sogenannter ausserordentlicher Güterstand gelten soll. Mit der Gütertrennung bleibt auch nach der Heirat und insbesondere bei Scheidung oder Tod vermögensrechtlich alles beim Alten.

Jede Seite ist Alleineigentümerin ihrer Vermögenswerte und muss auch bei der Auflösung der Ehe nichts mit der Partnerin, dem Partner teilen. Beide Eheleute nutzen und verwalten ihr Einkommen und Vermögen je selber. Wie bei den anderen Güterständen gelten aber Einschränkungen hinsichtlich der Familienwohnung, und beide Eheleute haben eine eheliche Beistandspflicht.

§ | **GESETZESTEXT**
Art. 247–251 ZGB

Wann ist die Gütertrennung sinnvoll?

Dass die Gütertrennung keinen Einfluss auf die Schuldenhaftung, die eheliche Beistandspflicht oder die Teilung des Pensionskassenkapitals bei einer Scheidung hat, wissen Sie bereits (siehe Seite 108). Empfehlenswert ist eine Gütertrennung, wenn Sie und Ihre Partnerin, Ihr Partner explizit keine Beteiligung am wirtschaftlichen Erfolg der anderen Seite wollen.

👁 | **Nadja E. verdient doppelt so viel** wie Ehemann Noudur. Sollte es zu einer Scheidung kommen, will Noudur nicht von den Ersparnissen seiner Frau profitieren.

Auch für eine optimale erbrechtliche Vorsorge in besonderen Fällen kann die Gütertrennung hilfreich sein.

👁 **Ernst T. und Bettina J. heiraten,** als sie beide bereits im Rentenalter sind. Finanziell sind sie nicht aufeinander angewiesen. Im Todesfall sollen nur die eigenen Kinder erben. Die beiden entschliessen sich für die Gütertrennung und einen Erbverzicht.

ACHTUNG Nicht zu empfehlen ist die Gütertrennung für den nicht erwerbstätigen Hausmann oder die Hausfrau mit nur geringem Nebenerwerb. Bei einer Scheidung könnten sie von der Errungenschaft der anderen Seite nicht profitieren.

Die güterrechtliche Auseinandersetzung

Bei der Gütertrennung gibt es bei Auflösung des Güterstands gar nichts zu teilen. Auch an den während der Ehe geäufneten Ersparnissen des Partners, der Partnerin ist man nicht beteiligt. Und natürlich trägt jede Seite ihre Schulden selber.

Denkbar ist aber, dass ein Ehegatte ins Vermögen des anderen investiert hat. Dann steht ihm eine entsprechende Ersatzforderung zu. Anders als bei der Errungenschaftsbeteiligung und der Gütergemeinschaft sieht das Gesetz jedoch keine Mehrwertbeteiligung vor. Das müssten die Eheleute vertraglich vereinbart haben.

Wurde Vermögen vermischt oder ist strittig, wer Eigentümer einzelner Vermögenswerte ist, wird auch bei der Gütertrennung Miteigentum beider Eheleute angenommen. Können sich Frau und Mann dann nicht einigen, wer die Vermögenswerte zu Alleineigentum übernimmt, muss das Gericht entscheiden: Wie bei der Errungenschaftsbeteiligung kann das Alleineigentum derjenigen Seite zugewiesen werden, die ein überwiegendes Interesse am umstrittenen Gegenstand nachweist – selbstverständlich gegen Entschädigung der anderen Seite (siehe Seite 113).

ACHTUNG Getrennt lebende Eheleute rechnen oft schon vor der Scheidung über das eheliche Vermögen ab. Dagegen ist nichts einzuwenden. Allerdings entsteht dadurch keine Gütertrennung. Streng genommen wird bis zur Einreichung der Scheidung bei Gericht immer noch Errungenschaft gebildet. Verzichten dann beide Eheleute auf die Aufteilung dieses Geldes, gut so. Wer sich nicht auf das Fairplay des anderen verlassen will, muss die Gütertrennung während der Trennungszeit in einem Ehevertrag vereinbaren oder vom Gericht anordnen lassen.

Gütertrennung als ausserordentlicher Güterstand

In folgenden Fällen kann das Eheschutzgericht die Gütertrennung aussprechen:
- Auf Antrag eines Ehegatten, wenn der andere die Auskunft über sein Einkommen und Vermögen verweigert. Oder wenn eine Seite die wirtschaftlichen Interessen der andern bzw. der Familie gefährdet; wenn ein Ehegatte die Scheidung herauszögert, um von der Errungenschaft des Partners, der Partnerin zu profitieren; wenn ein Ehegatte seine Errungenschaft verschleudert oder Vermögenswerte beiseite schaffen will.
- Bei Gütergemeinschaft (siehe Seite 126), wenn das Gesamtgut gepfändet wird oder wenn ein Ehegatte in Konkurs fällt
- Bei gerichtlicher Trennung nach Artikel 117 ZGB (nicht zu verwechseln mit der Auflösung des gemeinsamen Haushalts nach Artikel 175 und 176 ZGB)

Eine Rückkehr zur Errungenschaftsbeteiligung oder zur Gütergemeinschaft ist nur mittels Ehevertrag oder durch gerichtliche Verfügung möglich, falls der Grund für die Anordnung der Gütertrennung nicht mehr besteht.

U wie Umstandskleid:
Heirat mit Babybauch?

Ja, damit ersparen sich künftige Eltern einiges an Papierkram und Behördengängen. Bei unverheirateten Eltern muss der Mann sein Kind beim Zivilstandsamt anerkennen. Das gemeinsame Sorgerecht gibt es nicht automatisch; die beiden Eltern müssen es mit einer gemeinsamen Erklärung beantragen. Am einfachsten geht das zusammen mit der Anerkennung der Vaterschaft. Sinnvollerweise unterzeichnen die Eltern zudem einen Unterhaltsvertrag. Damit dieser rechtlich verbindlich ist, muss er von der Kesb genehmigt werden. Sind die Eltern bei der Geburt verheiratet, gilt der Ehemann automatisch als Vater und beide Eltern haben das Sorgerecht. Zudem ist die künftige Mutter als Ehefrau auch finanziell besser abgesichert.

DIE EHELICHE LIEGENSCHAFT

Das eigene Haus im Grünen ist für viele Ehepaare Sparziel Nummer eins. Und oft beteiligen sich beide an der Finanzierung. Wer Eigentümer eines Hauses oder einer Eigentumswohnung ist, wird im Grundbuch eingetragen. Es gibt Alleineigentum, Miteigentum oder Gesamteigentum.

Beim Miteigentum werden die Anteile von Frau und Mann im Grundbuch eingetragen. Beim Gesamteigentum geht das nicht; die Eheleute können aber ihre Quoten vertraglich festhalten. Wollen sie daran etwas ändern, ist das jederzeit möglich. Beim Miteigentum ist dafür ein kostenpflichtiger Nachtrag im Grundbuch nötig.

Im Alltag spielt es keine Rolle, ob Sie für Ihre gemeinsame Liegenschaft Gesamt- oder Miteigentum wählen. Bei beiden Varianten dürfen Sie für die Finanzierung Pensionskassenguthaben einsetzen, und bei beiden Varianten gilt, dass kein Ehegatte ohne den anderen die Liegenschaft respektive den eigenen Anteil daran veräussern kann.

GUT ZU WISSEN Jede Seite kann auch alleinige Eigentümerin einer Liegenschaft sein. Durch die Heirat entsteht nicht automatisch gemeinsames Eigentum an der Liegenschaft des anderen. Einzige Ausnahme: wenn Sie und Ihr Partner, Ihre Partnerin im Ehevertrag die allgemeine Gütergemeinschaft gewählt haben. Dann fällt Wohneigentum, das Sie in die Ehe mitbringen oder erben, ins Gesamtgut. Die Änderung des Eintrags im Grundbuch kann jeder von Ihnen beim Grundbuchamt anmelden.

Alleineigentum oder gemeinsames Eigentum?

Oft kaufen Eheleute ihr Eigenheim gemeinsam, und im Grundbuch wird Miteigentum je zur Hälfte eingetragen. Dies, obwohl die finanziellen Beiträge von Mann und Frau selten gleich hoch sind. «Das haben wir halt einfach so gemacht», heisst es jeweils am Beratungstelefon des Beobachters. Oft verändern sich die Beiträge der Eheleute an die gemeinsame Liegenschaft auch später, zum Beispiel durch wertvermehrende Ausbauten oder wenn die Hypothek abgezahlt wird. Bei einer Scheidung oder bei einer Teilung mit Erben spielt es dann aber plötzlich eine Rolle, wie hoch die eigenen Beiträge an die Liegenschaft waren. Entsprechen sie nicht den Angaben im Grundbuch, ist Streit programmiert.

Keine Probleme entstehen in der Regel, wenn die unterschiedlich hohen Anteile der Eheleute nur aus ihren Errungenschaften bestehen. Dann wird sowieso hälftig geteilt, unabhängig von den einzelnen Beiträgen und einem allfälligen Mehr- oder Minderwert.

TIPP Sobald Sie und Ihr Mann, Ihre Frau Investitionen oder Abzahlungen aus vorehelichem Gut, Erbschaften oder Schenkungen vornehmen oder wenn Sie im Ehevertrag Gütertrennung oder Gütergemeinschaft vereinbaren, sollten Sie sich fachlich beraten lassen. Klären Sie in guten Zeiten, wie die verschiedenen Beteiligungen und ein allfälliger Mehr- oder Minderwert an der Liegenschaft später zu verteilen sind.

Die Mehrwertbeteiligung ausschliessen

Investieren Sie aus eigenen Mitteln ins Eigentum Ihres Partners, Ihrer Partnerin, sind Sie an einem allfälligen Mehrwert beteiligt. Bei einem Minderwert bleibt es bei der investierten Summe (mehr dazu lesen Sie auf Seite 117). Wünschen Sie eine andere Lösung als die gesetzliche Beteiligung an einem allfälligen Mehrwert, können Sie die Mehrwertbeteiligung ganz ausschliessen oder einen eigenen Verteilschlüssel abmachen. Das gilt unabhängig davon, ob die Liegenschaft nur einem oder beiden Eheleuten gehört.

MEHRWERTBETEILIGUNG

«Mira und Ueli D. sind im Grundbuch als Miteigentümer je zur Hälfte der Liegenschaft Rautiweg 2 in 8400 Winterthur eingetragen. Ein allfälliger Mehrwert fällt zu ²/₃ an Mira, zu ¹/₃ an Ueli D.»

Alleineigentum plus Darlehen – eine prüfenswerte Alternative

Auch wenn die Anteile von Frau und Mann an der Finanzierung des Eigenheims sehr unterschiedlich sind oder gar eine Seite sämtliche Eigenmittel beisteuert, lassen viele Ehepaare im Grundbuch Miteigentum eintragen. Sollte es später zu einer Scheidung kommen, entsteht daraus jedoch häufig ein Streit um die Beteiligung an den ins Eigenheim investierten Geldern. Zudem müssen sich die Miteigentümer einig werden, wer die Liegenschaft übernimmt oder ob sie verkauft werden soll.

Fachleute empfehlen deshalb in einer solchen Situation die Variante Alleineigentum. Damit bleibt im Scheidungsfall das Eigenheim automatisch beim Alleineigentümer. Thema ist dann höchstens noch die Auszahlung einer allfälligen güterrechtlichen Beteiligung der anderen Seite.

👁 **Hans W. hat das Eigenheim** mit seiner Erbschaft finanziert. Seine Frau Susi konnte nichts beitragen. Im Grundbuch lässt das Ehepaar dennoch je hälftiges Miteigentum eintragen. Bei der Scheidung behauptet Frau W., dass dies eine Schenkung ihres Mannes war, und pocht auf die Auszahlung der Hälfte des Verkehrswerts. Herr W. war sich keiner Schenkung bewusst und will gar nichts auszahlen. Schliesslich hat er ja alles aus seinem Eigengut finanziert. Schönstes Gerichtsfutter!

Lassen Sie sich deshalb nicht von Aussagen Ihres Notars wie «Bei uns macht man das immer so» zum Eintrag von Miteigentum je zur Hälfte drängen. Wünschen Sie trotzdem Miteigentum, halten Sie schriftlich die Höhe der effektiven Beteiligungen fest und dass diese Beteiligung keine Schenkung ist.

Auch wenn beide Eheleute sich mit ihren Mitteln an der Finanzierung beteiligen, müssen nicht zwingend beide als Eigentümer im Grundbuch eingetragen sein. Wenn zum Beispiel der Ehemann Alleineigentümer ist, kann sich die Frau auch mit einem privaten Darlehen beteiligen. Ein solches Darlehen könnte man mit einem Schuldbrief auf das Eigenheim absichern. Beim Darlehen gibt es allerdings keine Beteiligung der ausgeliehenen Summe an einem allfälligen Minder- oder Mehrwert der Liegenschaft. Eine entsprechende vertragliche Vereinbarung oder eine Verzinsung ist aber möglich.

VORLAGE
Darlehensvertrag

DARLEHEN FÜR WOHNEIGENTUM

«Norbert W. kauft die Liegenschaft an der Goldstrasse 7 in 8400 Winterthur und lässt sich als Alleineigentümer im Grundbuch eintragen.

Seine Ehefrau Martina W. gewährt ihm für den Kauf der Liegenschaft ein Darlehen in der Höhe von 70 000 Franken. Das Darlehen ist mit 1 Prozent zu verzinsen und ist unkündbar, solange die Eheleute die Liegenschaft gemeinsam bewohnen. Im Trennungsfall gilt eine Kündigungsfrist von zwölf Monaten.

Als Sicherheit erhält Martina von Norbert einen Inhaberschuldbrief im zweiten Rang in der Höhe von 70 000 Franken.»

Stichwort: Schuldbrief

Weil man nicht die Liegenschaft selber als Sicherheit für ein Darlehen übergeben kann, gibt es die Möglichkeit, das Grundstück sozusagen durch ein Dokument zu ersetzen: durch einen Schuldbrief. Jeder Schuldbrief hat einen bestimmten Rang, der im Grundbuch festgehalten ist. Wer einen Schuldbrief im ersten Rang besitzt, steht bei einer allfälligen Zwangsverwertung an erster Stelle, kommt also am ehesten zu seinem Geld. Der erste Rang ist allerdings in der Regel von der Hypothekarbank besetzt; private Schuldbriefe stehen deshalb meist im zweiten Rang.

TIPP Ist kein Darlehen erwünscht, sollten Sie eine Investition ins Eigentum Ihrer Ehefrau, Ihres Mannes zumindest schriftlich festhalten. Das gilt generell für beide Eheleute, wenn sie Investitionen wie einen Anbau tätigen oder die Hypothek abzahlen. Ein Muster finden Sie im Anhang. Auch beim Notariat Schwyz finden Sie ein illustratives Muster.

Ehegattengesellschaft prüfen

Sind Sie beide im Grundbuch als Miteigentümer zu gleichen Teilen eingetragen, obwohl dies der Finanzierung nicht entspricht, können Sie die spätere Aufteilung des Wertes auch nach den Regeln der einfachen Gesellschaft vereinbaren. Ein einfaches Muster finden Sie im Anhang.

TIPP Eine Liegenschaft kaufen Sie nicht alle Tage: Gönnen Sie sich eine Beratung bei einer auf güterrechtliche Fragen spezialisierten Anwältin.

Regeln zur Familienwohnung

Manchmal sind es romantische Motive, die Eheleute dazu bewegen, gemeinsames Eigentum am Eigenheim eintragen zu lassen. Andere wollen sich oder die Partnerin, den Partner absichern. Das ist allerdings in den meisten Fällen gar nicht nötig. Das Gesetz sieht mehrere Schutzmassnahmen vor. So kann auch ein Alleineigentümer die Familienwohnung ohne Einwilligung seiner Ehefrau weder verkaufen noch vermieten.

Was gilt bei Trennung und Scheidung?

Bei einer Trennung bestimmt im Streitfall das Gericht, wer vorläufig im Eigenheim bleiben darf. Die Richterin weist das Haus oder die Wohnung derjenigen Seite zur Alleinbenützung zu, der sie besser dient. Wer Eigentümer ist, ist nicht entscheidend. Sind Kinder da, wird das Eigenheim meist dem Elternteil zugeteilt, der sie nach der Trennung betreut. Hat ein Ehepaar keine Kinder oder sind diese schon ausgeflogen, können gesundheitliche oder berufliche Gründe ausschlaggebend sein.

LINK
Hilfe bei Investitionen
www.notariat-schwyz.ch
(→ Onlineschalter → Tipps für die Aufzeichnung von Investitionen bei Grundeigentum von Ehegatten)

VORLAGE
Investitionen in Liegenschaft festhalten

VORLAGE
Gesellschaftsvertrag

GESETZESTEXT
Art. 169 ZGB

Unter den gleichen Voraussetzungen kann das Scheidungsgericht einem Ehegatten an der Wohnung, die dem anderen gehört, für die Zeit nach der Scheidung ein befristetes Wohnrecht einräumen. Der Eigentümer erhält dafür entweder eine angemessene Entschädigung oder er kann die Leistung mit den Unterhaltsbeiträgen verrechnen. Das Eigentum an der ehelichen Liegenschaft kann aber nicht gegen den Willen des Alleineigentümers auf die Ex-Frau oder den Ex-Mann übertragen werden.

> **GESETZESTEXT**
> Art. 121, 176 ZGB

Und im Todesfall?

Auch wenn die Familienwohnung zum Beispiel dem Ehemann gehört und er stirbt, ist die Witwe gegenüber den Miterben im Vorteil. Sie kann die Nutzniessung oder das Alleineigentum an der Liegenschaft beanspruchen – der Wert wird mit ihren güter- und erbrechtlichen Ansprüchen verrechnet. Das ist nur dann anders, wenn der verstorbene Ehegatte in der Liegenschaft geschäftlich tätig war und ein Nachkomme die Räumlichkeiten zur Weiterführung des Geschäfts benötigt.

> **GESETZESTEXT**
> Art. 219, 244, 612a ZGB

Unabhängig davon können Sie auch mit einer Teilungsvorschrift im Ehe- und im Erbvertrag oder Testament sicherstellen, dass die hinterbliebene Seite auf jeden Fall das Eigentum an der ehelichen Liegenschaft erhält (siehe unten). Geht es allerdings um einen Bauernhof, können Sie die Kinder nicht gegen deren Willen ausschliessen. Das gilt aber nur, wenn sie das Land selber als Bauern bewirtschaften können und wollen.

GUT ZU WISSEN Entspricht dieser gesetzliche Schutz Ihren Bedürfnissen, braucht es also nicht zwingend gemeinschaftliches Eigentum zu sein. Aber Achtung: Das alles gilt nur für die Familienwohnung.

TEILUNGSVORSCHRIFT IM TESTAMENT

«Meine Ehefrau Trudi hat das Recht, die Eigentumswohnung an der Blüemlistrasse 12, 7078 Lenzerheide, in Anrechnung an ihre güter- und erbrechtlichen Ansprüche zu Alleineigentum zu übernehmen.»

Zusätzliche Absicherung für die hinterbliebene Seite

Den meisten Eheleuten ist es wichtig, dass sie nach dem Tod des Partners, der Partnerin im Eigenheim bleiben können. Das wird dann schwierig, wenn Miterben auf die Auszahlung ihres erbrechtlichen Anteils pochen. Mit folgenden Instrumenten können Eheleute zusätzlich vorsorgen.

Nutzniessung im Testament

Besitzt ein Ehepaar ein Eigenheim oder ein sehr grosses Vermögen, kann es sinnvoll sein, der hinterbliebenen Seite die Nutzniessung daran zu vermachen. Eheleute mit gemeinsamen Kindern können damit sogar legal in deren Pflichtteil eingreifen. Mann und Frau können je ein Testament verfassen und sich gegenseitig die lebenslängliche Nutzniessung am ganzen Nachlass vermachen. Es ist auch möglich, der hinterbliebenen Seite maximal einen Viertel des Nachlasses zu Eigentum und die restlichen drei Viertel zur Nutzniessung zu hinterlassen.

§ **GESETZESTEXT** Art. 473 ZGB

Einen Nachteil kann die Nutzniessung an einer Liegenschaft für die hinterbliebene Seite allerdings haben: Eigentümer sind nach dem Todesfall des ersten Elternteils die Kinder. Einem Verkauf, einer Aufstockung der Hypothek oder einem Umbau müssen sie zustimmen. Als Nutzniesser ist man in diesem Sinn nicht «Herr im Haus». Man darf aber die Liegenschaft exklusiv nutzen, das heisst, selber oder mit anderen Personen darin wohnen und sie auch an Dritte vermieten. Ist nichts anderes bestimmt, übernimmt der Nutzniesser sämtliche laufenden Kosten für die Liegenschaft, insbesondere den Hypothekarzins.

Im Nachlass von Sven Z. befinden sich eine Liegenschaft im Wert von 750 000 Franken sowie Wertschriften für 250 000 Franken. Im Testament hat er seiner Frau Gerda das Wertschriftendepot zu Eigentum und die Liegenschaft zur Nutzniessung zugewendet. Die beiden Töchter werden so zwar Eigentümerinnen der Liegenschaft, können aber kaum etwas damit anfangen, solange ihre Mutter lebt.

Auch die Nutzniessung an einem Vermögen ist möglich. Sie ist aber in der Regel nur bei grossen Vermögen sinnvoll. Denn die Nutzniesserin darf nur über die Erträge, also Zinsen oder Dividenden, verfügen. Die Vermögenssubstanz darf sie ohne Zustimmung der Eigentümer nicht angreifen.

ANORDNUNG DER NUTZNIESSUNG IM TESTAMENT

«Meinem Ehemann Paul weise ich drei Viertel meines Nachlasses zur Nutzniessung und einen Viertel zu Eigentum zu. Er hat insbesondere das Recht, an meiner Liegenschaft, Häuslistrasse 7 in 8400 Winterthur, die lebenslängliche Nutzniessung zu beanspruchen.»

GUT ZU WISSEN Benötigen Sie einen zusätzlichen Vorsorgeschutz für Ihren Ehemann, Ihre Ehefrau? Eine auf Ihre Situation zugeschnittene Todesfallrisikoversicherung hilft, Lücken zu schliessen (siehe Seite 89).

DIE KINDER

Kinder sind eine Bereicherung fürs Leben – diesen Satz würde eine Mehrheit der Bevölkerung unterschreiben. Das zeigt sich auch in den Zahlen des Bundesamts für Statistik von 2019. Danach sind rund sieben von zehn Frauen und gut sechs von zehn Männer im Alter von 25 bis 80 Jahren Eltern von einem oder mehreren Kindern. Sind auch Sie startklar fürs Abenteuer Familie? In diesem Kapitel finden Sie die wichtigsten rechtlichen und organisatorischen Aspekte der neuen Lebensphase.

ELTERN WERDEN

Viele Paare heiraten, wenn sich das erste Kind ankündigt. Weil dann die rechtlichen Aspekte des Lebens zu dritt gesetzlich geregelt sind. Doch wie wird der praktische Alltag sein? Bestimmt haben Ihnen verschiedene Leute aus Ihrem Bekanntenkreis schon prophezeit, dass das Kind Ihr Leben auf den Kopf stellen wird. Und Sie haben sich darauf eingestellt, dass alles neu sein werde.

Haben Sie sich zum Beispiel Gedanken über die Rollenverteilung gemacht und sich vorgenommen, Ihrer Paarbeziehung genügend Zeit zu widmen? Ist das erste Kind geboren, wird die Frau zur Mutter, der Mann zum Vater, und das Liebespaar wird Eltern. Ein bisschen viel aufs Mal! Oft überschäumen die Emotionen, und es herrscht ein Chaos an Gefühlen. Hochstimmung mischt sich mit Zweifeln und Ängsten. Geniessen Sie Ihr Glück, heulen Sie ruhig los vor lauter Freude! Lassen Sie aber auch den Zweifeln und Ängsten Raum. Diese zu haben, ist ganz normal. Schliesslich ist die Gründung einer Familie mit Sicherheit das grösste Projekt in Ihrem Leben.

Die Paarbeziehung pflegen

Tritt ein Kind in Ihr Leben als Paar, wird vieles über den Haufen geworfen, gerade im Beziehungsalltag. Doch wie ein guter Freundeskreis will auch die Paarbeziehung gepflegt sein. Sind Kinder da, gilt dies erst recht. Holen Sie sich ruhig Hilfe: Elternkurse oder nur schon der Austausch mit anderen Familien können wertvolle Anregungen vermitteln.

Schaffen Sie sich Zeitinseln, wo Sie wieder nur zu zweit sein dürfen. Das hält die Beziehung lebendig und ist gar nicht so schwer zu organisieren: Sie können sich zum Beispiel mit Eltern aus der Nachbarschaft absprechen und abwechslungsweise einen Abend pro Woche die Kinder hüten. Der Götti, die

Grosseltern oder eine gute Freundin übernehmen ab und zu einen Abend oder ein Wochenende. Für eine stundenweise Betreuung sind auch Babysitter eine gute Lösung.

TIPP Viele Jugendliche haben im Babysitterkurs beim Schweizerischen Roten Kreuz die Grundlagen der Kleinkinderbetreuung erlernt. Adressen erhalten Sie bei einigen Sektionen des Roten Kreuzes, einer Familienberatungsstelle oder von anderen Eltern.

Elternkurse

Den Säuglingskurs besucht man, das ist Standard. In Elternbildungszentren lässt sich aber nicht nur Babywickeln lernen. Es gibt eine Vielzahl von Angeboten: Kurse über Erziehung, Ernährung, die Entwicklung des Kindes – und Kurse, in denen die Eltern lernen, wie sie mit ihrer neuen Lebenssituation umgehen können. Im Internet finden Sie die ganze Palette.

LINK
Elternkurse
www.elternbildung.ch

Die Rollen verteilen

Bestimmt haben Sie während der Schwangerschaft diskutiert, welches Rollenmodell Sie als Familie leben wollen. Bei unseren Grosseltern und Eltern war der Idealfall klar: Der Mann bringt das Geld heim, die Frau kümmert sich um den Haushalt und erzieht die Kinder. Heute wollen viele berufstätige Mütter erwerbstätig bleiben, und viele Väter möchten nicht nur der Ernährer sein. Wie finden Sie die ideale Rollenverteilung für Ihre Familie? Am besten gehen Sie beide in einem ersten Schritt von Ihren eigenen Wunschvorstellungen aus. In einem zweiten Schritt vergleichen Sie die Ergebnisse. Decken sich Ihre Vorstellungen? Wenn nicht, gibt es Diskussionsbedarf.

Und seien wir ehrlich: Beim Entscheid, ob und in welchem Umfang werdende Eltern ihre Erwerbsarbeit zugunsten der Familie reduzieren, spielen die ökonomischen Rahmenbedingungen eine wichtige Rolle. Teilzeitarbeit wird nicht in jedem Betrieb toleriert. Ausserdem zieht ein verändertes Pensum nicht nur eine Einbusse beim Lohn und bei der sozialen Absicherung nach sich, sondern mindert oft auch die Karrierechancen. Auf der anderen Seite kommen heute viele Familien mit nur einem Gehalt kaum mehr über die Runden.

Beim Abwägen der Rollenverteilung sollten vor allem die Frauen die Spielregeln für den Fall eines Scheiterns der Ehe im Auge behalten. Diese wurden im Frühling 2021 vom Bundesgericht verschärft; damit ist die Ehe definitiv keine Lebensversicherung mehr. Bisher musste eine über 45-jährige Frau, die zugunsten der Familie die Erwerbstätigkeit aufgegeben hatte, nach einer Scheidung nicht mehr ins Erwerbsleben einsteigen. Neu gilt: Wenn zumutbar und möglich, sorgt jede Seite für sich selbst. Ehegattenalimente gibt es auch bei langjährigen Ehen nur in Ausnahmefällen, meist solange noch Kinder zu betreuen sind.

Die neuen Väter?

Laut Umfragen möchten heute viele Väter mehr Zeit mit ihren Kindern verbringen. Es ist nun mal was anderes, wenn man den Alltag zusammen erlebt, als wenn es Papa gerade noch zum Gutenachtkuss reicht.

In der Praxis sieht es aber noch nicht so rosig aus: Nur gut 13 Prozent der Väter arbeiten Teilzeit. Immerhin steigt ihr Anteil kontinuierlich (Quelle: Schweizerische Arbeitskräfteerhebung des Bundesamts für Statistik, 2020). Und immerhin erhalten berufstätige Väter seit dem 1. Januar 2021 zwei Wochen bezahlten Vaterschaftsurlaub. Der «Jungpapi» kann den Urlaub tageweise oder am Stück beziehen, spätestens aber innert sechs Monaten nach der Geburt. Die Väter erhalten 80 Prozent des Lohnes, den sie vor der Geburt durchschnittlich verdient haben, im Maximum 196 Franken pro Tag.

§ **GESETZESTEXT**
Art. 329g OR

Mütter zwischen Kind und Karriere

Gut 80 Prozent aller Mütter in der Schweiz sind erwerbstätig. Das heisst, nur wenige Frauen entscheiden sich für das Leben als klassische Hausfrau, die Kinder bekommt, den Beruf an den Nagel hängt und nie wieder aufnimmt. Die grosse Mehrheit legt für eine gewisse Zeit eine Baby- oder Kleinkindpause ein oder steigt gar nie ganz aus, sondern arbeitet nach dem Mutterschaftsurlaub mit einem Teilzeitpensum weiter.

§ **LINK**
Beratung zur Rollenverteilung
www.fachstelle-und.ch

TIPP Die Fachstelle UND berät Paare dabei, wie sich Familien- und Berufsarbeit für Männer und Frauen organisieren lässt.

SO ÜBERZEUGEN SIE IHREN CHEF VON TEILZEITARBEIT

- Suchen Sie Vorbilder: Gibt es im Unternehmen schon Arbeitszeitmodelle, auf die Sie verweisen können?
- Bringen Sie konkrete Ideen ein: Wie lässt sich Ihre Arbeit in sinnvolle Portionen einteilen? Welchen Teil Ihrer Aufgaben könnten Sie abgeben?
- Beraten Sie sich mit Kolleginnen und Kollegen: Könnte jemand einzelne Bereiche von Ihnen übernehmen?
- Treten Sie selbstbewusst auf. Sie unterbreiten ein Angebot, das auch der Firma Vorteile bringt: Höhere Motivation, weniger Krankheitsausfälle und ein besseres Betriebsklima sind bekannte Pluspunkte bei Teilzeitlern.
- Zeigen Sie sich auch kompromissfähig: Vereinbaren Sie zum Beispiel eine Probezeit für das neue Arbeitsmodell. Erklären Sie sich einverstanden, in Notfällen telefonisch zur Verfügung zu stehen.

Schwangere und Mütter am Arbeitsplatz

Das Arbeitsgesetz enthält viele Schutzbestimmungen zugunsten werdender Mütter. Schwangere dürfen zum Beispiel keine Überstundenarbeit leisten, und ab acht Wochen vor der Geburt ist auch die Abend- und Nachtarbeit verboten. Damit ist spätestens um 20 Uhr Feierabend. Auch bestimmte beschwerliche oder gefährliche Arbeiten sind nicht mehr erlaubt. Der Arbeitgeber muss einer schwangeren Frau eine gleichwertige Ersatzarbeit zuweisen. Kann er das nicht, darf sie zu Hause bleiben und erhält 80 Prozent Ihres Lohnes. Besondere Regelungen gibt es auch für Frauen, die stehend arbeiten.

Lohnfortzahlung während der Abwesenheit

Die Dauer der Lohnfortzahlung ist abhängig von den Dienstjahren. Wer im ersten Dienstjahr ist, erhält bei Absenzen wegen Krankheit oder Schwangerschaftsbeschwerden nur während dreier Wochen den ganzen Lohn gezahlt. Danach erhöht sich der Anspruch mit jedem Dienstjahr. Bessere Lösungen sind für die Unternehmen freiwillig. Heute haben aber viele Arbeitgeber für ihre Belegschaft freiwillig eine Krankentaggeldversicherung abgeschlossen, die auch bezahlt, wenn Schwangere wegen ihrer Beschwerden nicht arbeiten können. Meist decken solche Versicherungen 80 bis 100 Prozent des Lohnes während bis zu 720 oder 730 Tagen. Sind Sie über Ihren Arbeitgeber ungenügend gedeckt, prüfen Sie eine eigene Absicherung.

TIPP Sind Sie selbständig erwerbend, fehlen diese Absicherungen gegen Erwerbsausfall. Deshalb sollten Sie selbst bei einem Versicherer eine Erwerbsausfallversicherung abschliessen.

Kündigungsschutz

Schwangere geniessen einen Kündigungsschutz: Während der Schwangerschaft und bis 16 Wochen nach der Geburt darf der Arbeitgeber nicht kündigen. Eine trotzdem ausgesprochene Kündigung ist ungültig. Will der Arbeitgeber daran festhalten, muss er nach Ablauf dieser Sperrfrist erneut kündigen und wieder die ganze Kündigungsfrist einhalten.

Werden Sie schwanger, nachdem Sie die Kündigung erhalten haben, wird die Kündigungsfrist bis 16 Wochen nach der Geburt unterbrochen und läuft dann weiter.

ACHTUNG Dieser Schutz gilt erst nach Ablauf der Probezeit. Kündigt der Arbeitgeber vorher, weil Sie schwanger sind, ist die Kündigung missbräuchlich. Dann wäre eine Strafzahlung geschuldet, wenn der Arbeitgeber an der Kündigung festhält.

BUCHTIPP
Beobachter-Ratgeber: **Mutter werden – berufstätig bleiben. Möglichkeiten – Rechte – Lösungen**
www.beobachter.ch/buchshop

GESETZESTEXT
Art. 35–35b ArG

GESETZESTEXT
Art. 324a OR

LINK
Broschüre zum Mutterschaftsschutz
www.seco.admin.ch
(→ Arbeit → Mutterschutz)

GESETZESTEXT
Art. 336c OR,
Art. 10 GlG

Vertragsauflösungen im gegenseitigen Einvernehmen hingegen sind möglich. Schwangere und Mütter dürfen jederzeit unter Einhaltung der Kündigungsfrist kündigen. Lassen Sie sich aber vom Arbeitgeber nicht zu einer «freiwilligen» Kündigung drängen!

TIPP Beim Staatssekretariat für Wirtschaft können Sie kostenlos eine ausführliche Broschüre zum Mutterschaftsschutz bestellen.

Der Mutterschaftsurlaub

Arbeitnehmerinnen dürfen laut Arbeitsgesetz nach der Geburt während acht Wochen nicht beschäftigt werden. Mütter, die nach Ablauf dieser Frist noch nicht arbeiten möchten, können bis zu 16 Wochen nach der Geburt zu Hause bleiben.

Ab der Geburt haben Arbeitnehmerinnen und selbständig erwerbstätige Frauen Anspruch auf 14 Wochen bezahlten Mutterschaftsurlaub. Die Mutterschaftsentschädigung wird als Taggeld ausgerichtet. Sie beträgt 80 Prozent des durchschnittlichen Erwerbseinkommens, höchstens aber 196 Franken pro Tag. Das sind total maximal 19 208 Franken während 98 Tagen (Stand 2021). Vertragliche Regelungen können eine grosszügigere Mutterschaftsentschädigung vorsehen. Für einen längeren, unbezahlten Mutterschaftsurlaub benötigen Sie das Einverständnis des Arbeitgebers.

LINK
Merkblatt Mutterschaftsentschädigung
www.ahv-iv.ch
(→ Merkblätter & Formulare
→ Merkblätter → Leistungen der EO-MSE-VSE)

Vor der Geburt gibt es noch keinen Mutterschaftsurlaub. Schwangere dürfen aber jederzeit zu Hause bleiben. Dann muss der Arbeitgeber keinen Lohn zahlen. Ausnahme: bei Absenzen aus gesundheitlichen Gründen.

TIPP Bei jeder AHV-Zweigstelle oder auf der Website der AHV können Sie ein ausführliches Merkblatt zur Mutterschaftsentschädigung beziehen.

Frauen haben das Recht, nach dem Mutterschaftsurlaub zu den bisherigen Bedingungen an den Arbeitsplatz zurückzukehren. Viele Arbeitnehmerinnen wünschen sich aber eine Reduktion ihres Pensums, sobald sie Mütter werden. Einen rechtlichen Anspruch auf Teilzeitarbeit gibt es für privatrechtlich Angestellte nicht – eine solche Lösung müssen Sie mit Ihrem Arbeitgeber aushandeln. Väter und Mütter, die beim Bund angestellt sind, haben dagegen ein Recht auf Teilzeitarbeit.

GESETZESTEXT
Art. 16b ff. EOG,
Art. 35a ArG

Name und Bürgerrecht des Kindes

Tragen die Eltern einen gemeinsamen Familiennamen, erhält das Kind ebenfalls ihren Familiennamen. Tragen die Eltern verschiedene Namen, erhalten ihre Kinder entweder den Ledignamen des Vaters oder den der Mutter. Heiraten die Eltern erst nach der Geburt des Kindes, kann es zu einem Namenswechsel des Kindes kommen. Ist es schon älter als zwölf Jahre, muss es den neuen Namen aber nur annehmen, wenn es das auch will.

Kann das Kind auch den Namen seiner Mutter erhalten, den diese aus ihrer vorherigen Ehe behalten hat und in der zweite Ehe mit seinem Vater weiterführt? Dafür wäre ein Namensänderungsgesuch nötig. Das Gesetz erlaubt solche Änderungen, wenn dafür achtenswerte Gründe vorliegen.

TIPP Um unnötige Kosten zu vermeiden, fragen Sie am besten zuerst informell bei der zuständigen Stelle nach, ob ein Namensänderungsgesuch Chancen hätte.

Die Eltern heissen Tina und Mark Moser: Ihre Kinder werden Moser heissen.

Die Eltern heissen Tina Stark und Mark Moser: Ihre Kinder werden entweder Stark oder Moser heissen. Bei der Geburt des ersten Kindes müssen sich die Eltern für einen der Namen entscheiden. Dieser Nachname gilt dann für alle Kinder.

Die Eltern heissen Tina Stark, die ledig Meier hiess, und Mark Moser: Ihre Kinder werden entweder Meier oder Moser heissen.

§ **GESETZESTEXT** Art. 30, 270 ZGB

Das Bürgerrecht des Kindes

Das Kind erhält das Kantons- und Gemeindebürgerrecht desjenigen Elternteils, dessen Namen es trägt. Wechselt ein minderjähriges Kind später zum Namen des anderen Elternteils, wechselt auch sein Bürgerrecht. Das Kind erhält immer den Schweizer Pass, wenn entweder der Vater oder die Mutter die Schweizer Staatsbürgerschaft hat. Sind beide Eltern Ausländer, gilt deren Heimatrecht. Ihr Kind wird also durch eine Geburt in der Schweiz nicht automatisch zum Schweizer Staatsbürger.

§ **GESETZESTEXT** Art. 271 ZGB

Die Versicherungen fürs Kind

Obligatorisch ist nur die Versicherung bei einer Krankenkasse. Sie können Ihr Kind schon vor der Geburt anmelden, spätestens drei Monate danach muss die Anmeldung erfolgt sein. Die Kasse muss auch kranke Kinder ohne Vorbehalt in die Grundversicherung aufnehmen.

Eine Zusatzversicherung brauchen Sie, wenn Sie die freie Arztwahl oder die Kostenübernahme für komplementärmedizinische Behandlung wünschen. In diesem Fall sollten Sie die Anmeldung schon vor der Geburt machen. Sonst riskieren Sie einen Vorbehalt oder eine Ablehnung, wenn Ihr Baby nicht ganz gesund zur Welt kommt.

TIPP Ist die Mutter nach der Geburt auf der privaten oder halbprivaten Abteilung untergebracht, sollten Sie unbedingt vor der Geburt klären, wie die Krankenkasse in diesem Fall für das Neugeborene abrechnet.

Sinnvoll ist eine Zusatzversicherung für Zahnstellungskorrekturen. Diese Versicherung schliessen Sie am besten kurz nach der Geburt ab. Ist nämlich bereits eine Fehlstellung der Zähne ersichtlich, wird die Krankenkasse den Antrag ablehnen.

Wird ein Kind invalid, ist es nur über die staatliche Invalidenversicherung abgedeckt. Diese übernimmt unter Umständen nicht alle anfallenden Kosten. Die Lücke lässt sich mit einer Zusatzversicherung bei der Krankenkasse oder bei einem Privatversicherer schliessen.

Haftpflicht und Hausrat

Die meisten Ehepaare haben bereits eine Privathaftpflichtversicherung, die für Schäden aufkommt, die man einer Drittperson zufügt. Wenn Sie noch keine solche Versicherung haben, sollten Sie nun eine Police für alle Familienmitglieder abschliessen. Sind Sie bereits versichert, prüfen Sie, ob das Kind mit eingeschlossen ist oder ob eine Anpassung der Police nötig wird. Gedeckt sind damit nicht nur Schäden, für die die Eltern oder das Kind haften. Je nach Police übernehmen die Versicherer auch freiwillig Schäden, die von Kleinkindern verursacht werden und für die Sie als Eltern eigentlich nicht haften. Denn kleine Kinder sind noch nicht urteilsfähig und deshalb trifft sie keine Schuld im rechtlichen Sinn, wenn sie was kaputtmachen. Sie als Eltern haften dann nur, wenn Sie Ihr Kind nicht angemessen beaufsichtigt haben.

Die Geburt eines Kindes zieht manchmal teure Anschaffungen nach sich. Unter Umständen wechseln die Eltern sogar in eine grössere Wohnung. Denken Sie dann auch daran, die Versicherungssumme für Ihren Hausrat anzupassen. Sonst riskieren Sie im Schadenfall eine ungenügende Deckung.

> **V wie Verlobung:**
> *Ein alter Zopf?*
>
> Nicht aus rechtlicher Sicht. Nimmt der Mann oder die Frau den Heiratsantrag an, gilt das Paar als verlobt. Die Heirat kann man damit aber nicht erzwingen. Wird das Verlöbnis gelöst, darf jede Seite ihre Verlobungsgeschenke zurückfordern. An schon getätigten Auslagen für die geplante Hochzeit müssen sich in der Regel beide beteiligen.

Ist es meins?

Wird Ihr Kind nach der Heirat geboren, gilt immer der Ehemann als Vater. Dieser gesetzliche Mechanismus will die Familie schützen. Was, wenn die gesetzliche Annahme nicht stimmt? Die Vaterschaft anfechten kann nur der Ehemann oder das Kind, nicht aber die Mutter oder der biologische Vater. Entscheidet sich also der Ehemann, das Kuckuckskind als sein eigenes Kind anzunehmen, bleibt das Kleine rechtlich sein Kind.

⚖️ **Will der Ehemann nicht,** dass ein «fremdes» Kind als seines gilt, muss er spätestens innert fünf Jahren seit der Geburt die Vaterschaft gerichtlich anfechten. Verpasst er diese Frist, ist eine Klage nur noch möglich, wenn die Verspätung aus wichtigen Gründen entschuldbar ist. Zum Beispiel, wenn der Ehemann lange Zeit keinen Anlass hatte, an seiner Vaterschaft zu zweifeln, und erst später erfährt, dass er nicht der biologische Vater ist (BGE 132 III 1).

Vaterschaftstest

Manchmal wollen die Eltern es gar nicht wirklich wissen und verzichten auf einen Gentest. Wer einen Test möchte, muss bis nach der Geburt des Babys zuwarten. Ein Vaterschaftstest bei einem Institut für Rechtsmedizin (Basel, Bern, Genf, Lausanne, St. Gallen und Zürich) kostet rund 1000 Franken. Private Labors sind günstiger, doch nicht alle privaten Tests werden als Beweismittel vor Gericht zugelassen. Weitere Informationen zum Vaterschaftstest erhalten Sie beim Institut für Rechtsmedizin der Universität Zürich.

LINK
Informationen zum Vaterschaftstest
www.irm.uzh.ch
(→ Dienstleistung
→ Forensische Genetik
→ Vaterschaftsabklärung)

ACHTUNG Private Vaterschaftstests sind nur mit dem Einverständnis aller Beteiligten erlaubt. Andernfalls drohen Busse bis zu 40 000 Franken und bis zu drei Jahre Gefängnis.

Künstliche Befruchtung und Adoption

Eltern werden ist nicht schwer ... Manchmal will es aber einfach nicht klappen. Dann kann eine medizinisch unterstützte Befruchtung Ihren Wunsch vielleicht erfüllen. Oder Sie entscheiden sich für eine Adoption.

Die medizinisch unterstützte Fortpflanzung

Bleibt ein Ehepaar ungewollt kinderlos, denken manche an medizinische Unterstützung. Die Palette der Möglichkeiten reicht von der Hormonbehandlung über die In-vitro-Fertilisation (Befruchtung ausserhalb des Körpers) bis zur Samenspende. Die rechtlichen Aspekte sind im Fortpflanzungsmedizingesetz festgelegt. Danach dürfen Fortpflanzungsverfahren nur bei Paaren zur Anwendung kommen, deren Kinderlosigkeit nicht mit anderen Massnahmen zu beheben ist. Zudem muss ein Paar das Kindeswohl gewährleisten, das heisst, es muss ein Umfeld bieten, in dem das Kind behütet aufwachsen kann. Verboten sind die Ei- und die Embryonenspende sowie die Leihmutterschaft.

LINKS
Adressen von Kinderwunschzentren
www.swissmom.ch
www.kinderwunsch.ch

Interessierte Ehepaare können sich in einem Kinderwunschzentrum beraten lassen. Adressen sowie weitere Informationen zum Thema finden Sie im Internet.

ACHTUNG Die Kosten für die meisten Verfahren müssen die Paare selber tragen. Je nach Behandlungsart und Aufwand kann das in die Zehntausenden von Franken gehen.

Artikel 28 des Partnerschaftsgesetzes verbietet gleichgeschlechtlichen Paaren medizinische Fortpflanzungsverfahren. In anderen Ländern sind solche Verfahren zum Teil erlaubt. Bisher half ein Ausweichen ins Ausland aber nicht wirklich. Die Schweizer Behörden verweigerten in der Regel die rechtliche Anerkennung des Kindesverhältnisses.

Das St. Galler Verwaltungsgericht sorgte 2014 für Furore, weil es zwei schwule Männer als offizielle Eltern eines Leihmutterbabys aus den USA anerkannt hat. Im Mai 2015 hat das Bundesgericht mit 3 zu 2 Stimmen gegen die Eintragung des zweiten Vaters entschieden. Immerhin kann der zweite Vater inzwischen dank der seit 1. Januar 2018 erlaubten Stiefkindadoption doch noch auch ein rechtlich anerkannter Vater werden.

Wird die Ehe für alle an der Urne angenommen, können bereits eingetragene Paare zur Ehe wechseln. Nur dann können sie die gleichen erlaubten medizinischen Unterstützungsmethoden beanspruchen wie heterosexuelle Ehepaare.

Die Adoption
Ehepaare dürfen ein Kind adoptieren, wenn sie entweder seit drei Jahren verheiratet sind oder wenn beide mindestens 28 Jahre alt sind. Der Altersunterschied zum Kind muss im Minimum 16 Jahre betragen und darf nicht grösser als 45 Jahre sein. Die leiblichen Eltern müssen der Adoption zustimmen; ist das Kind bereits urteilsfähig – ab etwa zwölf Jahren –, ist auch seine Zustimmung nötig.

§ **GESETZESTEXT** Art. 264a, 264c ZGB

GUT ZU WISSEN Eingetragene Partner und Partnerinnen dürfen kein Kind adoptieren. Seit dem 1. Januar 2018 ist ihnen immerhin die Stiefkindadoption erlaubt. Für eine Gleichstellung müssen bereits eingetragene Paare zur Ehe wechseln, sobald die Ehe für alle angenommen und in Kraft ist.

Da in der Schweiz kaum Kinder zur Adoption freigegeben werden, suchen Adoptionswillige in der Regel ein ausländisches Kind. Zum Schutz vor Missbräuchen gibt es dabei weitere Regeln zu beachten. Insbesondere benötigen Sie zuerst eine Bewilligung der Zentralbehörde für Adoption in Ihrem Wohnsitzkanton, bevor Sie ein Kind bei sich aufnehmen können. Bei dieser Stelle erhalten Sie auch Informationsmaterial, individuelle Beratung und die Adressen der behördlich anerkannten Adoptionsvermittlungsstellen in der Schweiz.

Verzichten Sie darauf, auf eigene Faust – etwa via Internet – ein Kind zu suchen, und versuchen Sie auch nicht, die strengen Voraussetzungen des Schweizer Adoptionsgesetzes mithilfe zweifelhafter Vermittler zu umgehen. Sie riskieren, dass Ihnen das Kind weggenommen und dass es auf Ihre Kosten fremdplatziert wird. Zudem hat ein solches Vorgehen auch strafrechtliche Konsequenzen.

> **W wie Wohnsitz:**
> *Kann man/frau den bisherigen Wohnsitz behalten?*
>
> In der Regel geht das nicht. Den Wohnsitz kann man nämlich nicht frei wählen: Er ist dort, wo man seinen Lebensmittelpunkt hat. Leben Sie zusammen, haben Sie beide Wohnsitz an dieser Adresse. Denkbar ist ein getrennter Wohnsitz, wenn jede Seite an ihrem Wohnort arbeitet und das Paar abwechselnd die Wochenenden in der Wohnung des einen oder der anderen verbringt.

TIPP Weitere Informationen finden Sie bei PACH – Pflege- und Adoptivkinder Schweiz. Die Adressen der behördlich anerkannten Adoptionsvermittlungsstellen erhalten Sie bei der kantonalen Adoptionsbehörde oder im Internet.

LINKS

Informationen zur Adoption
www.pa-ch.ch

Anerkannte Adoptionsvermittlungsstellen
www.bj.admin.ch
(→ Gesellschaft → Internationale Adoption)

ELTERN SEIN

«Meine Kinder sind das Beste, was mir im Leben je passiert ist. Manchmal hätte ich sie aber auch auf den Mond schiessen können.» Solche Aussagen widerspiegeln die ganze Gefühlspalette, die wohl alle Eltern kennen. Bekanntlich wirbeln Kinder aber nicht nur das Gefühlsleben ihrer Eltern gelegentlich ganz schön durcheinander.

Kinder zu haben, bringt auch viele Rechtspflichten mit sich. Bis zu deren 18. Geburtstag sind Sie als Eltern verantwortlich für ihre Pflege und Erziehung. Für den Unterhalt auch länger, nämlich bis die Ausbildung abgeschlossen ist.

Die elterliche Sorge

Die elterliche Sorge dauert von der Geburt bis zum 18. Geburtstag des Kindes. Wer das Sorgerecht hat, trägt die elterliche Verantwortung und bestimmt über die wesentlichen Themen im Leben des Sohnes oder der Tochter. Dazu gehören insbesondere:
- Pflege und Schutz des Kindes
- Erziehung und Ausbildung
- Gesetzliche Vertretung
- Verwaltung des Kindesvermögens
- Bestimmen des Wohnorts des Kindes

Verheirateten Eltern steht die elterliche Sorge für ihre Kinder gemeinsam zu. Das bedeutet, dass Mutter und Vater stets gemeinsam über die Kinderbelange entscheiden müssen. Keiner hat im Streitfall den Stichentscheid.

Können sich die Eltern über wichtige Kinderfragen wie beispielsweise schulische Weichenstellungen oder einen ärztlichen Eingriff partout nicht einigen, muss die Kindes- und Erwachsenenschutzbehörde (Kesb) entscheiden. Das kommt zum Glück selten vor.

GESETZESTEXT
Art. 296, 301–306 ZGB

👁 **Heinz O. und seine Frau Leila** streiten darüber, ob ihre ältere Tochter ins Gymnasium soll oder nicht. Während die Mutter glaubt, ihre Tochter wäre dort überfordert, plant der Vater bereits das Studium für sie. Da eine Einigung nicht absehbar ist, wird die Kesb darüber entscheiden müssen.

👁 **Demgegenüber ist bei Sandra K.s Sohn Paul klar,** dass er eine Lehre machen wird: Bloss welche der drei ihm bereits zugesagten Lehrstellen soll er annehmen? Sandra K. sieht ihren Sohn als zukünftigen Automechatroniker. Sein Vater will davon nichts wissen: Er drängt seinen Sohn vehement dazu, die Lehre zum Landschaftsgärtner zu machen. Finden die drei keine gemeinsame Entscheidung, fällt die Kesb diese für sie.

Kinder erziehen

Kinder brauchen nicht nur Ihre Liebe. Damit sie sich geborgen fühlen und sich zu selbständigen, selbstbewussten und sozialen Menschen entwickeln, benötigen sie auch Orientierung, Sicherheit und konsequentes Grenzenziehen. Konsequent bleiben ist manchmal furchtbar anstrengend, gilt es doch, auch Konflikte und Widersprüche zuzulassen. Mit einer guten Erziehung fördern Sie aber die Entwicklung Ihres Kindes, unterstützen sein soziales Lernen und vermitteln ihm verbindliche Werte. Damit Erziehung gelingt, braucht es eine feste Bindung und ein intaktes Vertrauensverhältnis zwischen Eltern und Kind.

TIPP Familienberatungsstellen helfen bei der Lösung von Erziehungsproblemen. Auf der Website des Beobachters finden Mitglieder des Beobachters umfassende Informationen zu Erziehungsthemen, und am Beratungstelefon stehen Fachleute für ein persönliches Gespräch zur Verfügung.

BUCHTIPP
Beobachter-Ratgeber:
Motivierte Kinder. Tipps und Ideen zum Spielen, Lernen und Zusammenleben
www.beobachter.ch/buchshop

LINK
Erziehungsberatung
www.beobachter.ch/beratung
Tel. 043 444 54 08

Die Kinderbetreuung organisieren

Viele Eltern können bei der Betreuung auf die Hilfe von Verwandten zählen. So soll der Einsatz der Grosseltern nach Schätzungen des Forums für Familienfragen beim Bundesamt für Sozialversicherungen einem wirtschaftlichen Wert von zwei Milliarden Franken pro Jahr entsprechen! Doch wenn beide Eltern intensiv berufstätig sind, geht es nicht ohne die Hilfe weiterer Betreuungspersonen. Am weitesten verbreitet ist die Betreuung bei einer Tagesmutter, in einer Kinderkrippe oder im Hort.

> **X wie X-Chromosom:**
> *Wann wird das erste Kind ein Bub?*
>
> ♥♥
>
> Lang gab man den Frauen die Schuld, wenn sie ihrem Mann keinen Stammhalter schenkten. Heute wissen wir, dass es gewissermassen am Mann liegt. Menschen haben zwei geschlechterbestimmende Chromosomen, die mit X und Y bezeichnet werden. Frauen haben nur X-Chromosomen, Männer haben X- und Y-Chromosomen. Einen Jungen gibt es nur, wenn das Y-Chromosom vom Vater auf ein X-Chromosom der Mutter trifft.

Um alle Bedenken gleich von Anfang an zu zerstreuen: Verschiedene Studien belegen, dass eine gute familienergänzende Betreuung die Entwicklung des Kindes fördert. Auch brauchen Sie nicht zu befürchten, dass Ihr Kleines sich Ihnen entfremdet. Der Einfluss von Mutter und Vater ist und bleibt der wichtigste für das Kind.

Die Tagesfamilie

Tagesmütter – seltener auch Tagesväter – betreuen Ihr Kind im kleinen, familiären Rahmen, meist zusammen mit eigenen Kindern. In allen Regionen der Schweiz gibt es Tagesfamilienorganisationen; die meisten Tagesmütter sind einem solchen Verein angeschlossen. Sie werden in einem Kurs auf ihre Aufgabe vorbereitet und auch später bei ihrer Arbeit begleitet. Zwischen den Eltern und der Tagesmutter wird ein Vertrag abgeschlossen, der die Entschädigung inklusive der Sozialversicherungsbeiträge und der Betreuungszeiten regelt.

Die finanzielle Unterstützung dieser Organisationen durch die Gemeinden und Kantone ist sehr unterschiedlich. Entsprechend unterschiedlich fallen die Kosten aus. Diese sind oft einkommensabhängig. Je nach Situation ist mit Beträgen zwischen vier und zwölf Franken pro Stunde und Kind zu rechnen, zuzüglich einer Essensentschädigung.

LINK
Tagesfamilienorganisationen
www.kibesuisse.ch
(→ Verband → Mitglieder
→ Mitglieder suchen)

TIPP Mehr Informationen zum Thema Tagesfamilie und eine Liste der Tagesfamilienorganisationen finden Sie auf der Website des Verbands Kinderbetreuung Schweiz.

Krippe, Hort und Tagesstätte

In Krippen und Tagesstätten werden Kinder im Vorschulalter betreut. Geführt werden solche Angebote von verschiedenen Trägerschaften: Gemeinden, Kirchgemeinden, Frauenvereinen, privaten Organisationen oder Firmen. Die Tarife sind meist vom Einkommen der Eltern abhängig: Je mehr die Eltern verdienen, desto teurer wird der Platz. Attraktive Krippen führen oft eine lange Warteliste. Es lohnt sich daher, sich schon vor der Geburt des Kindes um einen Platz zu bewerben.

Kommt Ihr Kind in den Kindergarten, wechselt es von der Krippe zum Hort. Dort betreuen Hortnerinnen und Sozialpädagoginnen die Kinder vor und nach der Schule und unterstützen sie bei den Hausaufgaben. Auch die Horttarife sind sehr unterschiedlich und oft von den finanziellen Verhältnissen der Eltern abhängig. Und auch hier muss man sich frühzeitig auf Wartelisten eintragen, damit beim Kindergarteneintritt tatsächlich ein Hortplatz frei ist.

TIPP Hilfe bei der Suche nach einer geeigneten Betreuung erhalten Sie bei Ihrer Gemeinde oder im Internet.

Mittagstische

Ist Ihr Kind schon älter und kann es nach der Schule auch mal allein zu Hause sein, reicht vielleicht ein Mittagstisch als Betreuung. Solche Angebote decken meist die Zeit zwischen frühestens 11 Uhr und 14 Uhr ab. Mittagstische werden von Gemeinden und einzelnen Schulhäusern angeboten, häufig aber auch von Elterngruppen privat organisiert.

Tagesschulen

In grösseren Städten gibt es schliesslich vermehrt Tagesschulen, in denen die Kinder über Mittag und nach den Schulstunden betreut werden. Staatliche Tagesschulen sind allerdings immer noch die Ausnahme, und private Institutionen sind relativ teuer.

TIPP Fragen Sie beim Schulamt frühzeitig nach freien Plätzen. Meist gibt es Wartelisten. Weitere Informationen und Adressen erhalten Sie beim Schweizer Verband für schulische Tagesbetreuung.

BETREUUNG IN NOTFÄLLEN

Wenn Kinder krank werden, können sie weder in die Krippe noch zur Tagesmutter. Was tun, wenn beide Elternteile berufstätig sind?
- Der Arbeitgeber muss Ihnen bis zu drei Tage freigeben, damit Sie Ihr krankes Kind betreuen können. Das gilt pro Krankheitsfall – nicht pro Jahr, wie manche Arbeitgeber meinen. Für weitere Tage müssen Sie dann die Grosseltern oder eine Nachbarin aufbieten oder Ferien beziehen.
- Verschiedene Sektionen des Schweizerischen Roten Kreuzes bieten für solche Engpässe einen Kinderhütedienst an. Der Tarif ist abhängig vom Einkommen der Eltern und kantonal unterschiedlich geregelt.

LINKS

Betreuungsadressen
www.kibesuisse.ch
www.kinderkrippen-online.ch
www.liliput.ch

LINK

Informationen zu Tagesschulen
www.bildung-betreuung.ch

LINK

Kinderbetreuung im Notfall
www.redcross.ch
(→ Für Sie da → Entlastung → Kinderbetreuung zu Hause)

Wann dürfen Kinder Verträge abschliessen?

Die Regel lautet: Minderjährige Kinder – also Kinder vor dem 18. Geburtstag – können nur mit Einwilligung ihrer Eltern gültig Rechtsgeschäfte abschliessen. Bestellt Ihr neunjähriger Sohn zum Beispiel ohne Ihre Billigung im Internet Waren, muss der Händler diese grundsätzlich zurücknehmen. Aber keine Regel ohne Ausnahme – sind die Kinder urteilsfähig, gelten ein paar Besonderheiten:

- Im Rahmen des eigenen Verdienstes oder Taschengelds können Kinder auch ohne ausdrücklichen elterlichen Segen gültig Verträge eingehen. Ihre zehnjährige Tochter kann also am Kiosk mit dem Taschengeld Schleckzeug kaufen. Und der 16-jährige Sohn darf seinen Lehrlingslohn auch gegen Ihren Wunsch in ein neues iPhone investieren.
- Auch Geschenke können Kinder entgegennehmen, wenn damit keine Belastungen verbunden sind. Ihre 14-jährige Tochter darf sich also vom Götti das teure Mountainbike schenken lassen. Allerdings haben die Eltern das Recht, die Rückgabe von Geschenken anzuordnen.
- Höchstpersönliche Rechte können urteilsfähige Kinder selber ausüben. Darunter versteht man insbesondere Eingriffe am eigenen Körper wie ein Piercing oder eine Tätowierung. Ist das Kind urteilsfähig, entscheidet es auch selbständig über medizinische Behandlungen und die Empfängnisverhütung.

§ **GESETZESTEXT**
Art. 305 ZGB

URTEILSFÄHIG

Urteilsfähig ist, wer bezüglich eines bestimmten Vorgangs vernünftig handeln kann. Wann das bei Kindern der Fall ist, sagt das Gesetz nicht. Es kommt immer auf die konkreten Umstände an. Ein neunjähriges Kind kann die Konsequenzen beim Kauf eines Kaugummis gewiss schon abschätzen, nicht aber bei einem Piercing. Für die meisten Rechtsgeschäfte sind Kinder erst ab dem 14. Geburtstag urteilsfähig.

Das Kindesvermögen

Bis zum 18. Geburtstag verwalten die Eltern den Sparbatzen sowie andere Vermögenswerte ihres Kindes. Sie sind dabei zur Sorgfalt verpflichtet und haften gegenüber dem Kind für allfälligen Schaden. Insbesondere dürfen die Eltern das Kindesvermögen nicht einfach nach ihrem Gutdünken verbrauchen. Nur die Zinsen des Vermögens können sie in der Regel für Unterhalt, Erziehung und Ausbildung des Kindes verwenden.

Müssen die Eltern das Kapital angreifen, benötigen sie dazu die Einwilligung der Kesb. Diese Stelle kann im Übrigen die Vermögensverwaltung der Eltern auch kontrollieren, wenn das Kindesvermögen sehr hoch ist oder die persönlichen Verhältnisse der Eltern das nötig machen.

§ GESETZESTEXT Art. 321–323 ZGB

Auf das sogenannte **freie Kindesvermögen** haben die Eltern keinen Zugriff. Dazu gehören:

- Arbeitserwerb des Kindes, auch ein Lehrlings- oder Praktikantenlohn (allerdings braucht es für den Abschluss eines Arbeitsvertrags die Einwilligung der Eltern)
- Schenkungen oder Erbschaften, wenn die schenkende oder verstorbene Person eine Verwaltung durch die Eltern ausgeschlossen hat
- Vermögen, das die Eltern dem Kind für den Betrieb eines eigenen Berufs oder Gewerbes herausgeben

Der 16-jährige Kevin trägt die ganzen Sommerferien über Zeitungen aus. Die Eltern freuen sich, dass ihr Sohn nicht bloss auf der faulen Haut liegt. Weniger begeistert sind sie, als Kevin den Lohn in die neuste Playstation und ein paar Ballergames investiert. Aber der Sohn darf sich mit dem selbst verdienten Geld diesen Wunsch erfüllen.

Wann haften Eltern wirklich für ihre Kinder?

«Eltern haften für ihre Kinder», liest man da und dort auf Warnschildern. Kein Wunder, glauben viele Eltern, dass sie immer für den Unfug ihrer Kinder bezahlen müssen. So arg ist es nicht: Eltern haften für die Schäden ihrer minderjährigen Kinder nur, wenn sie diese ungenügend beaufsichtigt oder sie bei gefährlichen Aktivitäten ungenügend aufgeklärt und instruiert haben.

Haftbar wurde zum Beispiel ein Vater, als er seinem 15-jährigen Sohn ein Luftgewehr überliess und dieser beim Spielen einen Spielkameraden so verletzte, dass dieser ein Auge verlor. Das Bundesgericht befand, dass der Vater seine Pflicht zur Aufsicht und zur Instruktion über die korrekte Bedienung der Waffe vernachlässigt hatte (BGE 100 II 298).

Je älter die Kinder, desto geringer sind die Anforderungen an die Aufsichtspflichten. Einen Zweijährigen dürfen Sie im Prinzip nicht aus den Augen lassen, eine Siebenjährige dagegen wird den Schulweg ohne Ihre Aufsicht meistern. Geht dann unterwegs aus Versehen etwas kaputt, haben Sie keine Aufsichtspflichten verletzt. Im Prinzip haftet in einer solchen Situation niemand, und der Geschädigte muss den Schaden selber tragen. Viele Versicherer zahlen aber unter dem Titel «Wunschhaftung» trotzdem. Ob das bei Ihnen der Fall ist, sehen Sie in den allgemeinen Versicherungsbedingungen Ihrer Familienhaftpflichtpolice.

Ist Ihr Kind urteilsfähig und verursacht es absichtlich oder fahrlässig einen Schaden, haftet es selber. Geht bei einer Schneeballschlacht auf dem Pausenplatz zum Beispiel ein Fenster in die Brüche, sind Sie als Eltern nicht haftbar, Ihr zwölfjähriger Lausbub aber schon. Zum Glück deckt die Haftpflichtversicherung der Eltern in der Regel solche Schäden.

§ **GESETZESTEXT**
Art. 333 ZGB

GUT ZU WISSEN Wer für einen Schaden haftet, muss mit seinem Einkommen und Vermögen dafür geradestehen. Wenn nur das Kind haftet, die Eltern aber nicht, können die Gläubiger die Deckung ihres Schadens nur aus dem Kindesvermögen durchsetzen. Das Einkommen und das Vermögen der Eltern sind rechtlich tabu.

Was gilt, wenn die Eltern sterben?

Sind die Eltern miteinander verheiratet und stirbt ein Elternteil, erhält der andere automatisch das alleinige Sorgerecht. Nur wenn Vater und Mutter sterben – zum Beispiel bei einem Autounfall –, muss die Kesb dem Kind einen Vormund bestellen.

VORLAGE
Brief an Kesb zum Wunschvormund

Wer als Vormund Ihres Kindes amten soll, können Sie zwar nicht im Voraus verbindlich bestimmen. Sie können aber die Wahl der Kesb wesentlich beeinflussen, indem Sie schriftlich festhalten, wer Ihre Kinder nach einem solch tragischen Ereignis betreuen soll (einen Mustertext finden Sie im Anhang). Am besten übergeben Sie Ihrem Wunschvormund ein Exemplar Ihres Schreibens und hinterlegen ein zweites bei Ihren Schriften. Die Behörde wird Ihren Wunsch berücksichtigen, wenn das Kindeswohl gewahrt ist.

Y wie Yorkshire Terrier: *Wer erhält bei einer Trennung den Hund?*

Streiten Sie sich um ein gemeinsam angeschafftes Haustier, muss sich das Gericht für jenen Ehepartner entscheiden, der in tierschützerischer Hinsicht die bessere Unterbringung gewährleistet. Ein allfälliges Besuchsrecht müssten Sie selber aushandeln. Das Gericht hat dafür keine Entscheidungskompetenz.

Wenn die Behörde sich einmischt

Werden Kinder misshandelt, vernachlässigt oder sind die Eltern generell nicht in der Lage, ihre Pflichten wahrzunehmen, muss die Kesb einschreiten. Jedermann, seien es besorgte Nachbarn, Verwandte, die Lehrerin, kann bei dieser Stelle eine sogenannte Gefährdungsmeldung machen. Die Behörde hat dann zu überprüfen, ob tatsächlich Massnahmen nötig sind.

Solche Massnahmen müssen immer verhältnismässig sein. Die Elternrechte sollen nur so weit und so lange beschnitten werden, wie dies zum Schutz des Kindes nötig ist. Die Palette der Kindesschutzmassnahmen reicht von der einfachen Ermahnung und dem Erteilen von Weisungen über den Einsatz eines Beistands bis zur Wegnahme der Kinder und zum Entzug der elterlichen Sorge. Die Behörden müssen sich dabei an folgendes Prinzip halten: So wenig eingreifen wie möglich, so viel wie nötig

§ **GESETZESTEXT** Art. 307–317 ZGB

Die drogensüchtigen Eltern von Baby Jonas sind nicht in der Lage, ihn regelmässig zu füttern, zu wickeln und für seine Sicherheit zu sorgen. Jonas wird bei Pflegeeltern untergebracht. Die Eltern dürfen Jonas aber jederzeit unter Aufsicht besuchen.

FINANZEN FÜRS KIND

Kinder bringen neue Perspektiven, sind eine Freude und eine Herausforderung – und belasten das Budget. Ein paar Gedanken zum finanziellen Aspekt des Abenteuers Familie werden Sie sich als werdende Eltern machen müssen. Kinder kosten nun mal Zeit und Geld.

Auf der einen Seite sind da die effektiven Auslagen, zum Beispiel für die Babyausstattung, mehr Raumbedarf oder später für die Ausbildung. Auf der anderen Seite kosten Kinder viel Zeit – oft zulasten der Erwerbstätigkeit und der Karrieremöglichkeiten.

Was kostet ein Kind?

Fachleute schätzen die gesamten Kinderkosten in der Schweiz auf 47 Milliarden Franken. Der Staat beteiligt sich daran mit rund einem Sechstel in Form von Familienzulagen, Steuerabzügen und anderen Unterstützungen wie Stipendien oder Krippensubventionierung. Die restlichen Kosten tragen die Eltern selber.

Laut einer Studie im Auftrag der Zentralstelle für Familienfragen des Bundesamts für Sozialversicherung belaufen sich die Auslagen für ein Kind von der Geburt bis zum 20. Geburtstag auf rund 340 000 Franken. Weitere Kinder kosten zwischen 150 000 und 180 000 Franken. Eines von mehreren Kindern kommt so pro Monat auf rund 1100 Franken zu stehen, ein Einzelkind auf mindestens 1400 Franken.

Kündigt sich Nachwuchs an, reduzieren viele Eltern – meist sind es auch heute noch die Mütter – ihre Erwerbstätigkeit und büssen damit einen Teil ihres Einkommens ein. Oft verschlechtern sich dadurch auch die Karrierechancen. Zählt man diese indirekten Kinderkosten zu den direkten hinzu, kostet ein Kind, bis es flügge ist, zwischen einer halben und einer ganzen Million Franken.

Familienzulagen und finanzielle Erleichterungen

Der Staat unterstützt die Eltern mit finanziellen Massnahmen, insbesondere durch Familienzulagen, Steuerabzüge und die Verbilligung der Krankenkassenprämien. Das eidgenössische Familienzulagengesetz verpflichtet die Kantone, allen Erwerbstätigen sowie auch Eltern mit bescheidenem Einkommen Familienzulagen auszurichten – es gibt zwei solche Zulagen:

- **Kinderzulage** von mindestens 200 Franken für jedes Kind bis 16 Jahre
- **Ausbildungszulage** von mindestens 250 Franken für Kinder von 16 bis maximal 25 Jahren; ist ein Kind mit 15 bereits in der Ausbildung, wird die höhere Ausbildungszulage bezahlt.

Auch Teilzeitarbeitenden müssen die Kantone die vollen Zulagen ausrichten. Sie dürfen höhere Ansätze und zusätzlich Geburts- oder Adoptionszulagen vorsehen. Eine einmalige Geburtszulage gibt es in den Kantonen Freiburg, Genf, Jura, Luzern, Neuenburg, Schwyz, Uri, Waadt und Wallis. Am grosszügigsten ist das Wallis mit 2000 Franken (Stand 2021).

Pro Kind darf nur eine Zulage bezogen werden. Das Gesetz legt einheitlich für die ganze Schweiz fest, wer die Zulagen beziehen kann, wenn beide Eltern erwerbstätig sind.

TIPP Einzelne Kantone unterstützen Eltern mit weiteren Leistungen. Je nach Kanton heissen die Zahlungen Kleinkinderbetreuungsbeiträge, Mutterschaftsbeihilfe, Unterhaltszuschuss oder Familienbeihilfe. Fragen Sie beim Sozialdienst Ihrer Wohngemeinde nach. Ausführliche Informationen zu den Familienzulagen und Links zu den kantonalen Gesetzen finden Sie beim Bundesamt für Sozialversicherungen.

LINK
Familienzulagen
www.bsv.admin.ch
(→ Themen → Sozialversicherungen → Familienzulagen)

Steuern

Eltern werden bei den Steuern mit einem milderen Tarif entlastet. Ausserdem können sie bei der direkten Bundessteuer einen allgemeinen Abzug von 6500 Franken pro Kind machen, dazu für die Kosten der Drittbetreuung einen Abzug von maximal 10 100 Franken (Stand 2021).

Auch bei den Kantons- und Gemeindesteuern gibt es allgemeine Abzüge und die Drittbetreuungskosten sind abzugsfähig, die Höhe der Beträge und teilweise auch das Höchstalter der Kinder sind jedoch unterschiedlich. In einzelnen Kantonen kann man auch für die Eigenbetreuung der Kinder einen Steuerabzug vornehmen.

Krankenkassenprämien

Wer in bescheidenen wirtschaftlichen Verhältnissen lebt, kann finanzielle Beiträge an die Krankenkassenprämien erhalten. Die Prämienverbilligung ist kantonal unterschiedlich geregelt. Massgebende Kriterien sind das Einkommen und das Vermögen, aber auch die Kinderzahl.

Je nach Kanton wird die Verbilligung bereits von der Krankenkassenprämie abgezogen, mit den Steuern verrechnet oder direkt ausgezahlt. Zum Teil müssen die Berechtigten einen Antrag stellen, zum Teil wird die Vergünstigung automatisch auf der Grundlage der Steuerunterlagen ermittelt.

TIPP Es lohnt sich, selber aktiv zu werden und bei der Krankenkasse nachzufragen.

LINK
Kantonale Stelle für die Prämienverbilligung
www.ahv-iv.ch
(→ Kontakte → Kantonale Stellen zur Prämienverbilligung)

Das Familienbudget anpassen

Kündigt sich Nachwuchs an, ist es nützlich, durchzurechnen, mit welchem Einkommen Sie im Minimum noch zurechtkämen, ohne dass Sie ins Minus rutschen. Es ist wichtiger, sich über die Aufteilung der Familien- und Erwerbstätigkeit und das damit verbundene Einkommen Gedanken zu machen, als überstürzt eine neue Wohnung zu suchen. Denn Ihr Säugling braucht in den ersten Monaten kein eigenes Zimmer, keinen Spielplatz vor dem Haus und keinen gefahrlosen Weg zum Kindergarten. Das alles lässt sich noch früh genug organisieren, wenn die neue Lebenssituation mit dem Kind gefestigt ist.

Lena und Peter Z. verdienen zusammen 11 500 Franken pro Monat, den 13. nicht eingerechnet. Sie diskutieren hin und her, wie sie die Erwerbs- und Familienarbeit aufteilen sollen, wenn in fünf Monaten ihr erstes Kind da sein wird. Eigentlich würde Peter auch gern einen Tag zu Hause beim Kind und im Haushalt verbringen. Lena ist bis jetzt davon ausgegangen, dass sie voll auf den Beruf Hausfrau umsteigt. Zusammen rechnen sie durch, was die Varianten für ihr Budget bedeuten (siehe Kasten).

Augenfällig ist die Differenz beim Restbetrag, der für Ferien und Sparen übrigbleibt: Mit rund 130 Franken pro Monat machen Lena und Peter Z. keine grossen Sprünge mehr, auch wenn sie aufgrund der neuen Familiensituation nun deutlich tiefere Steuern zahlen. Sie entscheiden sich schliesslich für die zweite Variante: der Vater 80 Prozent berufstätig, die Mutter 40 Prozent.

> **Z wie Zerrüttung:** *Kein Thema mehr vor Gericht*
>
> Früher konnten nur unwiderruflich gescheiterte – also zerrüttete – Ehen geschieden werden, was jeweils zu Schuldzuweisungen und hässlichem Streit vor Gericht führte. Heute geht das ohne solche Hürden. Dennoch: Möge es bei Ihnen nie so weit kommen.

BUDGETVARIANTEN VON LENA UND PETER Z.
(pro Monat, in Schweizer Franken)

	Lena 100% Peter 100% ohne Kind	Lena 40% Peter 80% 1 Kind	Lena 0% Peter 100% 1 Kind
Einnahmen			
Einkommen Mann monatlich netto	6 500	5 200	6 500
Einkommen Frau monatlich netto	5 000	2 000	
Anteil 13. Monatslohn	1 000	650	560
Kinderzulage		200	200
Total Einnahmen	12 500	8 050	7 260
Feste Verpflichtungen			
Wohnen (Miete, Heizkosten, Strom)	1 880	1 880	1 880
Telefon, Radio, TV, Internet	188	188	188
Steuern (kantonale Regelung)	1 900	1 000	880
Krankenkasse (Grundversicherung)	580	650	650
Hausrat-, Privathaftpflichtversicherung	50	50	50
Öffentlicher Verkehr, zwei Velos	50	140	140
Auto (ohne Amortisation)	670	580	580
Zeitschriften, Mitgliedschaften, Sport	330	130	130
Krippe (ein Tag pro Woche)		430	
Total feste Verpflichtungen	5 648	5 048	4 498
Variable Kosten			
Haushalt			
– Nahrung, Getränke, Nebenkosten	1 240	1 250	1 270
– Windeln		100	100
Persönliche Auslagen			
– Kleider, Taschengeld, Berufsauslagen Frau	820	430	270
– Kleider, Taschengeld, Berufsauslagen Mann	820	520	490
– Kleider Säugling		50	50
Rückstellungen	420	470	450
Total variable Kosten	3 300	2 820	2 630
Gesamtausgaben	8 948	7 868	7 128
Reserven zum Sparen, für Ferien	3 552	182	132

Das Taschengeld der Kinder

Rechtlich sind Eltern nicht zu einem Taschengeld verpflichtet, empfehlenswert ist es trotzdem. Denn dank dieser Zahlungen lernen Kinder nicht nur früh Lesen und Schreiben, sondern auch den Umgang mit Geld. Wie viel Sie Ihrem Sprössling zugestehen, hängt von seinem Alter und Ihren finanziellen Möglichkeiten ab. Die Richtlinien von Budgetberatung Schweiz finden Sie im folgenden Kasten.

RICHTLINIEN FÜRS TASCHENGELD

Schülerinnen und Schüler

1. Schuljahr	1 Franken pro Woche
2. Schuljahr	2 Franken pro Woche
3. Schuljahr	3 Franken pro Woche
4. Schuljahr	4 Franken pro Woche
5. und 6. Schuljahr	25 bis 30 Franken pro Monat
7. bis 9. Schuljahr	30 bis 50 Franken pro Monat
Ab dem 10. Schuljahr	50 bis 80 Franken pro Monat

Monatsbudget ab Oberstufe

Taschengeld	30 bis 80 Franken
Handy	10 bis 30 Franken
Coiffeur, Körperpflege	30 bis 40 Franken
Kleider, Schuhe	70 bis 80 Franken
Schulmaterial (ohne Bücher, Exkursionen)	10 Franken
Velo, Mofa	10 bis 30 Franken

Nach Aufwand
Auswärtige Verpflegung (pro Mahlzeit 10 Franken), Abonnement für ÖV, Sport, Lehrmittel, Exkursionen

Quelle: Budgetberatung Schweiz

So lernt Ihr Kind den richtigen Umgang mit Taschengeld

Das Wichtigste zuerst: Sprechen Sie zu Hause über Geld. Kinder sollen wissen, dass es auch den Eltern nicht in den Schoss fällt. Auch sie müssen sparen, um sich etwas Notwendiges oder Ersehntes zu kaufen.

Besprechen Sie mit Ihrem Kind, wofür das Taschengeld gedacht ist. Und lassen Sie dann Ihren Sohn, Ihre Tochter die eigenen Erfahrungen mit Geld und Geldausgeben machen:

- Zahlen Sie das Taschengeld pünktlich aus, ohne dass Ihr Kind Sie daran erinnern muss. Am besten an einem fixen Kalendertag, beispielsweise am Zahltag der Eltern oder am Monatsersten.
- Kontrollieren Sie Ihr Kind nicht, wofür es sein Geld ausgibt. Kinder sollen damit tun und lassen können, was sie wollen.
- Taschengeld ist kein Erziehungsmittel. Anhand des Taschengelds sollen Kinder lernen, mit Geld umzugehen.
- Taschengeld soll nicht als Druck oder als Belohnung für ein bestimmtes Verhalten eingesetzt werden. Schon gar nicht für gute Schulnoten.

Die Mithilfe im Haushalt sollte nicht entlöhnt werden. Sie ist ein Beitrag zum Familienleben. Ausnahmen bilden besondere Aufgaben, die nicht zum Familienalltag gehören. Will Ihr Sohn, Ihre Tochter zum Beispiel für eine grössere Anschaffung sparen, sollten Sie Sondereinsätze wie Jäten im Garten, Autowaschen oder Babysitten zusätzlich entschädigen.

Eltern dürfen ein Kostgeld verlangen

Als Eltern sind Sie grundsätzlich verpflichtet, für Ihre in Ausbildung stehenden Kinder aufzukommen. Das heisst aber nicht, dass die Jugendlichen ihren gesamten Lehrlingslohn als Taschengeld behalten dürfen. Verdient Ihr Kind eigenes Geld, können Sie verlangen, dass es einen angemessenen Beitrag an seinen Unterhalt beisteuert.

Am besten stellen Sie gemeinsam mit Ihrem Sohn, Ihrer Tochter ein Budget inklusive Taschengeld auf. Regeln Sie dann, welche Posten die Eltern übernehmen und welche Rechnungen der Sohn oder die Tochter selber aus dem Lehrlingslohn bezahlt: zum Beispiel das Bahnabonnement, die Krankenkassenprämien, die Handykosten. Kostgeldvorschläge finden Sie bei Budgetberatung Schweiz.

GESETZESTEXT
Art. 276 ZGB

LINK
Kostgeldvorschläge
www.budgetberatung.ch
(→ Kinder und Jugendliche → Kostgeld)

PATCHWORKFAMILIEN

Er hat einen Sohn aus erster Beziehung, der bei der Mutter lebt und jedes zweite Wochenende mit dem Vater verbringt. Sie bringt ihre Tochter aus einer früheren Ehe mit in die Beziehung. Und zusammen erwarten die beiden ihr erstes gemeinsames Kind. Patchworkfamilien sind heute keine Seltenheit mehr.

Bringt einer von Ihnen Kinder aus einer früheren Beziehung in die Ehe, spricht das Gesetz von Stiefkindern und Stiefeltern. Da heute jede zweite Ehe geschieden wird, entstehen mehr Zweitehen und damit auch Patchworkfamilien. Welche Rechte und Pflichten Stiefeltern den Kindern des Partners, der Partnerin gegenüber haben, ist im Zivilgesetzbuch in nur zwei Artikeln verankert. Entsprechend viel müssen Sie in einer solchen Situation selber regeln.

Rechte und Pflichten der Stiefeltern

§ **GESETZESTEXT**
Art. 278, 299 ZGB

Durch die Heirat entsteht zwischen dem Stiefvater bzw. der Stiefmutter und den Stiefkindern kein neues Kindesverhältnis. Der Stiefelternteil hat also keine elterliche Sorge über die Kinder und es gibt auch kein gegenseitiges Erbrecht. Das lässt sich nur erreichen, wenn Sie als Stiefvater die Kinder Ihrer Frau adoptieren – oder umgekehrt.

Ohne Adoption sind Sie im Normalfall nicht verpflichtet, für den Unterhalt Ihrer Stiefkinder aufzukommen. Sind die Finanzen aber angespannt – zum Beispiel, weil der leibliche Vater die Kinderalimente nicht zahlt –, müssen Sie aushelfen.

Als Stiefelternteil haben Sie an sich auch kein Erziehungs- oder Sorgerecht. Sie müssen Ihre Partnerin, Ihren Partner aber bei der Ausübung der elterlichen Sorge unterstützen und falls nötig vertreten – zum Beispiel, wenn die Mutter nach einem Unfall vorübergehend nicht ansprechbar ist.

GUT ZU WISSEN Stiefkinder und Stiefeltern haben untereinander kein gesetzliches Erbrecht. Ihre Stieftochter kann Sie also nur beerben, wenn Sie ein entsprechendes Testament oder einen Erbvertrag abfassen.

Erziehung hoch 3?

Kinder wissen genau, wie sie Mami gegen Papi und umgekehrt ausspielen können. Und Eltern wissen, wie schwierig es oft ist, eine gemeinsame Linie in der Erziehung durchzuhalten. In einem Elterndreieck Mami, Papi und Stiefvater oder Stiefmutter wird das noch anspruchsvoller. Manche Patchworkkinder leiden unter einem Loyalitätskonflikt: Wenn ich Zuneigung zum Stiefvater zeige, verrate ich meinen richtigen Papi. Andere sind eifersüchtig auf den Eindringling und tun mehr, als man ihnen zutraut, um ihn wieder loszuwerden.

Jasmin bestiehlt ihre Stiefmutter. Da sie noch nie gestohlen hat und es vorher nie Probleme mit dem Kind gab, wollen ihre Eltern einfach nicht glauben, was die neue Ehefrau des Vaters da erzählt.

In solchen Fällen ist es wichtig, dass die Erwachsenen erwachsen reagieren. Sie sollten sich also nicht auf Kinderspielchen einlassen oder sich gar gegeneinander ausspielen lassen. Versuchen Sie, eine gemeinsame Linie im Umgang mit dem Kind zu finden. Nehmen Sie auch ein ablehnendes Verhalten Ihrer Stieftochter, Ihres Stiefsohns nicht zu persönlich. Klären Sie mit den leiblichen Eltern, wie Sie dem Kind helfen können. Fühlen die Eltern und/oder Sie sich mit der Situation überfordert, zögern Sie nicht, eine Erziehungsberatung in Anspruch zu nehmen.

Beziehungen aufbauen

Eine gute Beziehung zum Stiefsohn, zur Stieftochter braucht vor allem etwas: Zeit. In der neuen Familie müssen sich viele alltägliche Kleinigkeiten erst einspielen: Wer geht am Morgen zuerst unter die Dusche? Darf man im Pyjama zum Sonntagsfrühstück erscheinen? Wohin gehören die schmutzigen Schuhe beim Nachhausekommen? Denken Sie daran: Ihr Stiefkind hat Sie sich nicht ausgesucht. Es muss Sie erst beschnuppern und im Alltag kennenlernen können. Setzen Sie weder sich selbst noch das Kind unter einen Erwartungsdruck.

Seien Sie sich auch bewusst, dass Sie nicht die Stelle des leiblichen Vaters, der richtigen Mutter Ihres Stiefkinds einnehmen können. Sie können aber eine neue Bezugsperson in seinem Leben werden. Wichtig ist, dass Sie sich mit Ihrer Partnerin, Ihrem Partner absprechen, wie eine gute Erziehung und ein harmonisches Familienleben aussehen sollen.

Finanzielle Fragen

Erhält Ihre Ehefrau, Ihr Ehemann Kinderalimente für ein Kind, das in Ihrem Haushalt aufwächst, dürfen diese Beträge für die gemeinsamen Haushaltskosten verwendet werden. Kinderalimente sollen nämlich den Unterhalt des Kindes abdecken, sie sind nicht zum Sparen gedacht. Was aber, wenn die Alimente nicht gezahlt werden?

Alimenteninkasso und Alimentenbevorschussung

Zahlt der unterhaltspflichtige Elternteil die Alimente nicht, hilft Ihnen die Kesb, das Jugendsekretariat oder eine andere kommunale Stelle unentgeltlich beim Eintreiben der ausstehenden Zahlungen. Diese Ämter übernehmen für Sie die Mahnung des säumigen Zahlers, suchen bei Zahlungsschwierigkeiten nach gangbaren Lösungen und können die Ausstände wenn nötig auch selber über das Betreibungsamt eintreiben.

Doch nicht immer ist beim zahlungspflichtigen Elternteil etwas zu holen. Dann zahlt die Gemeinde die festgelegten Alimente aus der Staatskasse und fordert die bevorschussten Beträge in eigenem Namen vom Schuldner zurück. Das Verlustrisiko trägt die Gemeinde. Im Gegensatz zu Sozialhilfeleistungen werden bevorschusste Beträge auch später nicht zurückgefordert.

Die Alimentenbevorschussung ist kantonal unterschiedlich geregelt. Meist ist sie in der Höhe begrenzt. Zudem ist sie in vielen Kantonen von den Einkommens- und Vermögensverhältnissen des betreuenden Elternteils und des Stiefvaters oder der Stiefmutter abhängig.

Familienzulagen

Pro Kind darf man nur eine Familienzulage beziehen (zur Höhe siehe Seite 161). Ob dieser Anspruch dem Vater, der Mutter oder dem Stiefelternteil zusteht, ist im Familienzulagengesetz genau geregelt. Haben die geschiedenen Eltern zum Beispiel die gemeinsame elterliche Sorge, bezieht entweder der Vater oder die Mutter die Zulage. Hat eine nicht erwerbstätige Mutter die alleinige elterliche Sorge und wohnt das Kind bei ihr und dem Stiefvater, kann der Stiefvater die Zulage geltend machen. Ist die Kinderzulage im Wohnsitzkanton des leiblichen Vaters höher, kann dieser noch die Differenz beziehen.

Erhält ein Elternteil die Zulage für ein Kind, das nicht bei ihm lebt, ist er verpflichtet, das Geld an das Kind weiterzuleiten. In seltenen Fällen sieht das Scheidungsurteil etwas anderes vor.

TIPP Kommt der Ex-Partner seiner Pflicht zum Bezug der Familienzulage nicht nach oder leitet er das Geld nicht weiter, können Sie ein Gesuch um Auszahlung direkt an Sie einreichen. Zuständig ist die Familienausgleichs-

---

LINK
Ämter für Alimenteninkasso
https://www.ch.ch/de/scheidung-unterhaltszahlungen
(bei «Inkassohilfe und Bevorschussung» PLZ eingeben)

kasse, die die Familienzulagen ausrichtet. Im Familienzulagenregister können Sie prüfen, ob für das Kind eine Zulage bezogen wird und welche Stelle sie ausrichtet. Wird mangels Anmeldung keine Familienzulage bezogen, wenden Sie sich an die kantonale Familienausgleichskasse.

LINKS

Familienzulagenregister
www.infofamz.zas.admin.ch/

Kantonale Familienausgleichskassen
www.ahv-iv.ch
(→ Kontakte → Kantonale Ausgleichskassen)

Die Beziehung zum leiblichen Elternteil

Leben die Kinder Ihrer Frau in Ihrem gemeinsamen Haushalt, werden sie in der Regel alle 14 Tage das Wochenende beim Vater verbringen. Leben umgekehrt die Kinder Ihres Ehemanns bei der Mutter, werden sie regelmässig bei Ihnen zu Besuch sein. Meist klappt das Besuchsrecht ohne grössere Probleme. Sind ausgerechnet Sie von der Ausnahme betroffen, lohnt es sich, den Kindern und Ihrer Familie zuliebe öfters mal fünf gerade sein zu lassen.

Julia T. regt sich immer furchtbar auf, wenn die Stiefkinder am Wochenende wieder ohne die Badesachen oder den Skianzug zu Besuch kommen. Sie ist sicher, dass die Mutter das absichtlich macht, um sie zu ärgern. Ehemann Fred sieht das nicht so, was immer wieder zu Ehekrach führt.

Klar sollte die Mutter sich an die Abmachungen halten und den Kindern die fürs Wochenende benötigten Kleider mitgeben. Wichtiger ist aber, dass sie das Besuchsrecht respektiert und dass die Kinder gerne kommen.

Ausgefallene Besuche nachholen?

Immer wieder taucht die Frage auf, wann ein Besuch, der ausgefallen ist, nachgeholt werden darf oder soll. Wenn es in Ihrer erweiterten Familie gut läuft, werden Sie das von Fall zu Fall selber entscheiden. Können sich die Eltern aber nicht selbst einigen, gibt es laut Bundesgericht keine eindeutige Regel.

Insbesondere kommt es laut Bundesgericht nicht hauptsächlich darauf an, wer das Ausfallen zu verantworten hat. Entscheidend sei vielmehr, ob das Nachholen im Interesse des Kindes liegt oder nicht. Es gehe nicht darum, einen buchhalterischen Ausgleich zu schaffen, sondern einen angemessenen Kontakt zwischen dem besuchsberechtigten Elternteil und dem Kind zu gewährleisten. Weiter erklärt das Bundesgericht in seinem Entscheid, dass die Kesb bei Konflikten einem Beistand die Aufgabe übertragen könne, die Modalitäten der Durchführung für den einzelnen Besuch zu regeln bzw. über den konkreten Tag des Besuchs sowie die Verschiebung eines festgesetzten Besuchs zu entscheiden (Urteil 5A_883/2017 vom 21. August 2018).

Wenn das Kind nicht zum Vater will

Das Gesetz verlangt von den Eltern, dass sie alles unternehmen, damit der Kontakt des Kindes zu Vater und Mutter gewahrt bleibt. Trotzdem wehren sich Kinder manchmal mit Händen und Füssen gegen die Besuche.

Bei Jugendlichen ab etwa zwölf Jahren lässt sich das Besuchsrecht nicht mehr gegen ihren Willen durchsetzen. Aber auch bei jüngeren Kindern ist es heute kaum noch denkbar, dass sie mit Polizeigewalt von zu Hause weggezerrt werden. Kein verantwortungsvoller Elternteil sollte es so weit kommen lassen.

Eines ist klar: Wenn Eltern erbittert um das Besuchsrecht streiten, ist die Situation für alle Beteiligten – Kind, Mutter, Vater, Stiefelternteil und involvierte Behörden – äusserst schwierig.

LINKS
Familienbegleitung
www.spf-fachverband.ch

Mediation
www.mediation-ch.org
www.familienmediation.ch

TIPP Rasche, tragfähige Lösungen gibt es in einem solchen Konflikt nicht. Besser ist es, die Erwachsenen lassen sich auf eine Familienbegleitung ein, zum Beispiel über den Fachverband Sozialpädagogische Familienbegleitung Schweiz. Hilfreich kann auch eine Mediation sein.

Das Stiefkind zu sich nehmen

Soll Ihr Stiefkind neu ganz bei Ihnen wohnen, spricht man von einer Umteilung der Obhut. Ein solcher Wechsel wird etwa zum Thema, wenn
- der Elternteil, bei dem das Kind bisher wohnte, es nicht mehr bei sich haben kann oder wenn er stirbt,
- Ihr Ehemann, Ihre Ehefrau das Kind zu sich holen will,
- das Kind selber den Wunsch nach einem Wechsel äussert.

Weder die Kinder noch die Eltern können über den Wechsel der Obhut eigenmächtig entscheiden. Sind beide Eltern einverstanden, müssen sie die Genehmigung der Kesb am bisherigen Wohnort des Kindes einholen. Wehrt sich der Elternteil, bei dem das Kind bisher lebte, ist eine Umteilung der Obhut nur über ein Gerichtsverfahren zu erreichen oder – wenn die Eltern nie verheiratet waren – über die Kesb. Kinder ab etwa sechs Jahren haben in diesem Verfahren ein Anhörungsrecht.

GESETZESTEXT
Art. 301a ZGB

TIPP Auch der Stiefvater oder die Stiefmutter hat natürlich ein Mitbestimmungsrecht, wenn das Stiefkind neu unter dem gleichen Dach leben soll. Das Beziehungsgefüge wird schliesslich ein ganz anderes, als wenn die Kinder nur alle 14 Tage zu Besuch sind. Sprechen Sie sich auch im Voraus ab, wie Sie allfällige Erziehungsschwierigkeiten angehen werden.

Die Stiefkindadoption

Viele Stiefeltern sind ihren Stiefkindern mit der Zeit emotional so nahe, wie wenn es die eigenen wären. Manchmal entsteht daraus der Wunsch, diese enge Bindung auch rechtlich herzustellen.

Selbstverständlich geht das nicht ohne Einwilligung des «richtigen» Vaters oder der «richtigen» Mutter. Ist der leibliche Elternteil aber verstorben oder besteht aus anderen Gründen keine Beziehung mehr, steht einer Adoption grundsätzlich nichts im Weg.

Wenn der Stiefvater das Kind seiner Frau adoptiert – oder umgekehrt –, erlischt das Kindesverhältnis zum leiblichen Vater und wird neu zum Stiefvater begründet. Das heisst, das Stiefkind verliert damit die Rechte gegenüber dem leiblichen Vater, etwa das Recht auf Unterhalt und erbrechtliche Ansprüche. Dafür werden Adoptivkind und Adoptivvater gegenseitig zu gesetzlichen Erben, und der Adoptivvater ist unterhaltspflichtig. Das Stiefkind erhält die gleichen Rechte wie ein leibliches Kind.

Die Bedingungen für eine Adoption

Möchten Sie Ihr noch minderjähriges Stiefkind adoptieren, müssen drei Voraussetzungen erfüllt sein:

- Sie sind seit mindestens drei Jahren mit der Mutter bzw. dem Vater verheiratet.
- Der Altersunterschied zum Stiefkind beträgt mindestens 16 Jahre und maximal 45 Jahre.
- Das Kind – sofern es urteilsfähig ist – und der leibliche Elternteil haben der Adoption zugestimmt. Verweigert der andere Elternteil die Zustimmung, obwohl gar keine tragfähige Beziehung zum Kind besteht, kann die Behörde die Adoption trotzdem bewilligen.

§ **GESETZESTEXT** Art. 264c–265 ZGB

Gleicher Name für alle?

Es braucht ja nicht immer eine Adoption zu sein. Manche Patchworkfamilie wäre schon zufrieden, wenn alle Mitglieder den gleichen Familiennamen tragen könnten. Bis zum 1. Januar 2013 war das schwierig. Dank der Gesetzesrevision braucht es seither für eine Namensänderung nicht mehr wichtige, sondern nur noch achtenswerte beziehungsweise nachvollziehbare Gründe.

Die geschiedene Sandra Meyer wird nach der Heirat den Familiennamen ihres zweiten Ehemanns Rolf Simmen annehmen. Sie möchte, dass ihre dreijährige Tochter Annina aus erster Ehe ebenfalls zum Namen Simmen wechseln darf.

Für Töchterchen Annina braucht es ein Namensänderungsgesuch. Zuständig ist der Wohnsitzkanton, im Kanton Aargau zum Beispiel das Departement für Volkswirtschaft und Inneres. Der Wunsch, dass alle im gleichen Haushalt wohnenden Familienmitglieder den gleichen Namen tragen, dürfte heute generell als achtenswerter Grund gelten. Das Bundesgericht hat jedenfalls seine frühere strenge Rechtsprechung gelockert.

⚖️ **Das Bundesgericht bewilligte** einem Mädchen, den Namen der allein sorgeberechtigten Mutter anzunehmen, die nach der Scheidung wieder zu ihrem ledigen Namen gewechselt hatte (BGE 140 III 577).

Übrigens: Ab dem 12. Geburtstag des Kindes ist eine Namensänderung nur möglich, wenn es zustimmt.

TIPP Am besten informieren Sie sich zunächst telefonisch bei der kantonalen Verwaltung in Ihrem Kanton über die Chancen eines Gesuchs und die Kosten.

Die Kinder

ANHANG

Vorlagen und Mustertexte
Nützliche Adressen
Auflösung Ehequiz
Beobachter-Ratgeber

Download-Angebot zu diesem Buch
Alle Vorlagen finden Sie auch online unter
www.beobachter.ch/download (Code 3780).
Sie können sie herunterladen und an Ihre Situation
anpassen.

GENERALVOLLMACHT UNTER EHELEUTEN

Natürlich können Sie anstelle Ihres Ehemanns, Ihrer Ehefrau auch einer anderen Person eine Vollmacht ausstellen.

Generalvollmacht

Ich, [Ihr Vor- und Nachname], geboren am [Geburtsdatum], Bürger/-in von [Bürgerort/-e],

bevollmächtige hiermit

meinen Ehemann / meine Ehefrau [Vor- und Nachname], geboren am [Geburtsdatum], Bürger/-in von [Bürgerort/-e],

mich bei der Regelung all meiner Geschäftsangelegenheiten zu vertreten, insbesondere gegenüber Gerichten, Banken, Versicherungen, Sozialeinrichtungen, Heimen, Spitälern, Behörden und Amtsstellen. Mein Ehemann / Meine Ehefrau ist befugt, alle Arten von Rechtshandlungen und Rechtsgeschäften in meinem Namen und für meine Rechnung vorzunehmen, insbesondere Geld, Wertschriften und andere Vermögenswerte entgegenzunehmen, zu verkaufen oder zu erwerben, Versicherungs- und Sozialleistungen zu beantragen und die finanziellen Verpflichtungen zu erfüllen, über sämtliche auf meinen Namen hinterlegten Vermögenswerte und meine Konten zu verfügen und Verbindlichkeiten einzugehen. Er / Sie darf auch Liegenschaften verkaufen oder belasten.

Diese Vollmacht gilt auch für den Fall meiner Urteilsunfähigkeit und über meinen Tod hinaus bis zum Widerruf durch mich oder einen meiner Erben oder Erbinnen.

[Ort, Datum]

[Unterschrift Vollmachtgeber/-in]

SPEZIALVOLLMACHT UNTER EHELEUTEN

Natürlich können Sie anstelle Ihres Ehemanns, Ihrer Ehefrau auch einer anderen Person eine Vollmacht ausstellen.

Spezialvollmacht

Ich, [Ihr Vor- und Nachname], geboren am [Geburtsdatum], Bürger/-in von [Bürgerort/-e],

bevollmächtige hiermit

meinen Ehemann / meine Ehefrau [Vor- und Nachname], geboren am [Geburtsdatum], Bürger/-in von [Bürgerort/-e],

mich für alle Rechtsgeschäfte im Zusammenhang mit [angeben, welcher Bereich von der Vollmacht erfasst wird, zum Beispiel: im Zusammenhang mit meinem Kosmetiksalon Flora an der Steinstrasse 7 in 3003 Bern] zu vertreten. Diese Vollmacht umfasst insbesondere, in meinem Namen und auf meine Rechnung [Rechtsgeschäfte präzisieren, zum Beispiel: fällige Schulden einzutreiben, Arbeitsverträge meiner Angestellten zu kündigen oder neues Personal anzustellen sowie den Rechtsverkehr mit Behörden abzuwickeln].

Diese Vollmacht gilt auch für den Fall meiner Urteilsunfähigkeit und über meinen Tod hinaus bis zum Widerruf durch mich oder einen meiner Erben oder Erbinnen.

[Ort, Datum]

[Unterschrift Vollmachtgeber/-in]

VORSORGEAUFTRAG

VORSORGEAUFTRAG

ACHTUNG Den Vorsorgeauftrag müssen Sie von Anfang bis Ende selber handschriftlich verfassen, datieren und unterzeichnen. Deshalb finden Sie hier ein Muster, nicht eine Vorlage. Schreiben Sie den Text von Hand ab und passen Sie ihn an Ihre Situation an. Ist Ihnen das nicht möglich, können Sie Ihren Vorsorgeauftrag beim Notar öffentlich beurkunden lassen.

Vorsorgeauftrag von

Franca Sommer, Sonnenstrasse 17, 8001 Zürich
Geboren am 10. September 1965, Bürgerin von Sachseln/OW

Sollte ich gemäss Art. 360 ZGB nicht mehr in der Lage sein, selber Entscheidungen zu treffen, bestimme ich meine Partnerin, Karin Winter, geboren am 14. Juni 1967, Bürgerin von Sigriswil/BE, zu meiner Vorsorgebeauftragten.

Als Ersatz bestimme ich Daniel Huber, geboren am 20. Februar 1972, Bürger von Ebmatingen/ZH.

1. Personensorge: Die bevollmächtigte Person bestimmt, welche Massnahmen im Hinblick auf meine optimale Betreuung, Pflege und medizinische Versorgung zu treffen sind. Sofern ich spezielle Anordnungen in einer Patientenverfügung erlasse, gilt diese und die bevollmächtigte Person hat für deren Ausführung zu sorgen.

2. Vermögenssorge: Die bevollmächtigte Person verwaltet mein Einkommen und Vermögen und sorgt für die Bezahlung meiner Rechnungen. Sie ist auch zur ausserordentlichen Vermögensverwaltung befugt. Insbesondere darf sie meine Liegenschaft belasten oder verkaufen.

3. Vertretung im Rechtsverkehr: Sie ist bevollmächtigt, alle für die Personen- und Vermögenssorge notwendigen Vorkehrungen zu treffen und die dafür nötigen Verträge abzuschliessen oder zu kündigen.

4. Spesen und Entschädigung: Für den Fall, dass Daniel Huber für mich tätig wird, sind ihm die notwendigen Auslagen zu ersetzen. Für seinen zeitlichen Aufwand darf er 40 Franken pro Stunde berechnen. Nicht zu entschädigen sind seine freiwilligen Besuche bei mir zu Hause, im Heim oder im Spital.

Zürich, 20. Oktober 2021

Franca Sommer

TESTAMENT

ACHTUNG Das Testament müssen Sie von Anfang bis Ende selber handschriftlich verfassen, datieren und unterzeichnen. Deshalb finden Sie hier ein Muster, nicht eine Vorlage. Schreiben Sie den Text von Hand ab und passen Sie ihn an Ihre Situation an. Ist Ihnen das nicht möglich, können Sie beim Notar ein öffentliches Testament errichten.

Ich, Alexandra T., geboren am 6. Juni 1960, Bürgerin von Sachseln und Raron, verfüge letztwillig was folgt:

1. Ich widerrufe sämtliche letztwilligen Verfügungen, die ich jemals getroffen habe.

2. Es ist meine Absicht, meinen Ehemann Urs Z., geboren 9. September 1961, so weit wie möglich erbrechtlich zu begünstigen. Ich setze ihn deshalb als Alleinerben ein. Es ist mir bewusst, dass ich damit die Pflichtteile meiner Kinder oder meiner Eltern übergehe. Ich hoffe, dass sie meinen Wunsch respektieren. Sollten sie dieses Testament anfechten, erhalten sie ihren Pflichtteil als Vermächtnis und mein Ehemann kann sie in bar abfinden.

    Variante
    Mein Ehemann Urs T. erhält im Sinn von Artikel 473 ZGB von meinem Nachlass einen Viertel zu Eigentum und den Restnachlass von drei Vierteln zur lebenslänglichen und unentgeltlichen Nutzniessung.

3. Meinem Ehemann steht auf jeden Fall das Recht zu, die von ihm gewünschten Vermögenswerte und Gegenstände meines Nachlasses auf Anrechnung an seine güter- und erbrechtlichen Anteile vorab zu bestimmen und in sein alleiniges Eigentum zu übernehmen.

4. Sollte ich gleichzeitig oder nach meinem Ehemann ableben, gilt die gesetzliche Erbfolge.

5. Ich bestimme meinen Ehemann zu meinem Willensvollstrecker. Sollte er das Mandat ablehnen, bestimme ich ersatzweise Dr. Erich V., Bahnhofstrasse 7, 8001 Zürich.

19. September 2021

Alexandra T.

BUDGETERHEBUNGSBOGEN

	Monatlich	Jährlich
Einkünfte		
Nettoeinkommen Mann		
Nettoeinkommen Frau		
13. Monatslohn Mann		
13. Monatslohn Frau		
Sonstige Einkünfte (Vermögenserträge, Alimente etc.)		
Total Einkünfte		
Feste Verpflichtungen		
Wohnkosten		
– Wohnen in Mietwohnung: Miete inkl. Nebenkosten oder		
– Wohnen in Eigenheim: Hypothekarzins, Amortisation, Unterhalt und Reparaturen, Heizung und Wasser, Versicherungen		
Energie (Elektrizität, Gas)		
Telefon, Radio, Fernsehen, Internet		
Total Wohnkosten		
Versicherungen		
Krankenkasse		
Hausrat- und Privathaftpflichtversicherung		
Säule 3a, Lebensversicherungen		
Total Versicherungen		
Steuern		
Motorfahrzeuge (inkl. Betriebskosten, Versicherung, Reparaturen, Parkplatz etc.)		
Weitere feste Verpflichtungen		
Öffentlicher Verkehr (Abonnements)		
Velo, Mofa		
Zeitschriften, Zeitungen, Mitgliedschaften		
Kinderbetreuung, Haushaltshilfe		
Kreditraten		
Alimentenzahlungen		
Total weitere feste Verpflichtungen		
Total feste Verpflichtungen		

BUDGETERHEBUNGSBOGEN

	Monatlich	Jährlich
Variable Kosten		
Haushaltskosten		
Nahrungsmittel, Getränke		
Nebenkosten (Wasch- und Putzmittel, Drogerie, Körperpflege, Kleinigkeiten)		
Haustier		
Total Haushalt		
Persönliche Auslagen (Mann, Frau, evtl. Kinder)		
Kleider, Schuhe		
Handy		
Freizeit, Taschengeld, Hobby, Ausgehen		
Auswärtige Verpflegung		
Total persönliche Auslagen		
Diverses		
Franchise, Selbstbehalt bei Krankenkasse		
Zahnarzt, Medikamente, Optiker		
Geschenke, Spenden		
Total Diverses		
Rückstellungen		
Ferien		
Anschaffungen		
Unvorhergesehenes		
Total Rückstellungen		
Total variable Kosten		

Zusammenzug

	Monatlich	Jährlich
Total Einnahmen		
– Total feste Verpflichtungen		
– Total variable Kosten		
Überschuss oder Fehlbetrag		

INVENTAR

Inventar der Eheleute [Name Ehefrau] und [Name Ehemann], wohnhaft an [Adresse]

[Name Ehefrau] ist Alleineigentümerin folgender in die Ehe eingebrachter Gegenstände [Führen Sie alle Gegenstände von einigem Wert auf.]:

- ...
- ...

[Name Ehemann] ist Alleineigentümer folgender in die Ehe eingebrachter Gegenstände [Führen Sie alle Gegenstände von einigem Wert auf.]:

- ...
- ...

[Ort], [Datum]

[Unterschrift Ehefrau] [Unterschrift Ehemann]

Ergänzung vom [Datum]:

Folgende Gegenstände wurden neu erworben und gehören:

Alleineigentum [Name Ehefrau]:

- ...
- ...

Alleineigentum [Name Ehemann]:

- ...
- ...

[Ort], [Datum]

[Unterschrift Ehefrau] [Unterschrift Ehemann]

DARLEHENSVERTRAG

Darlehensvertrag und Schuldanerkennung

1. Schuldanerkennung
[Name Darlehensnehmer/-in] bestätigt, von [Name Darlehensgeber/-in] für den Kauf von [Kaufgegenstand] ein Darlehen in der Höhe von [Betrag] Franken erhalten zu haben.

2. Rückzahlung
[Name Darlehensnehmer/-in] verpflichtet sich, das Darlehen in monatlichen [oder halbjährlichen, jährlichen] Raten von [Betrag Rate] Franken an [Name Darlehensgeber/-in] zurückzuzahlen. Die erste Rate wird am [Datum] zur Zahlung fällig. Gerät [Name Darlehensnehmer/-in] mit der Rückzahlung des Darlehens mit mehr als zwei Raten in Verzug [oder andere Limite], ist [Name Darlehensgeber/-in] berechtigt, die Rückzahlung des gesamten ausstehenden Betrags zu fordern.

Varianten:
[Name Darlehensnehmer/-in] verpflichtet sich, das gesamte Darlehen im Betrag von [Betrag] Franken schnellstmöglich, jedoch spätestens bis zum [Datum Rückzahlung] zurückzuzahlen.

[Name Darlehensnehmer/-in] muss das Darlehen nur bei einer Trennung oder Scheidung zurückzahlen. In diesen Fällen kann [Name Darlehensgeber/-in] das Darlehen jederzeit mit einer Frist von sechs Monaten [oder andere Frist] kündigen.

3. Zinsen
[Name Darlehensnehmer/-in] hat das Darlehen mit einem Jahreszins von [Prozentzahl, erlaubt sind maximal 15 Prozent] Prozent zu verzinsen.

Variante
[Name Darlehensgeber/-in] verzichtet auf eine Verzinsung des Darlehens.

Dieser Vertrag wurde im Doppel je mit Originalunterschriften erstellt.

[Ort, Datum]

[Unterschrift Darlehensnehmer/-in]   [Unterschrift Darlehensgeber/-in]

INVESTITIONEN IN LIEGENSCHAFT FESTHALTEN

Hier finden Sie ein Beispiel, welche Informationen über die Investitionen in Ihre Liegenschaft Sie festhalten sollten. Setzen Sie Ihre eigenen Informationen ein.

AUFZEICHNUNG DER INVESTITIONEN IN UNSERE LIEGENSCHAFT
(Hofstrasse 15, 3506 Grosshöchstetten)

Datum	Zweck	Herkunft	Mann/Frau	Betrag in Franken
7. April 2020	Wintergarten	Vorerbe	Mann	30 000
6. Juni 2021	Amortisation Hypothek	13. Monatslohn	Frau	7 000

GESELLSCHAFTSVERTRAG FÜR LIEGENSCHAFT

Vertrag betreffend einfache Gesellschaft über die Liegenschaft der Eheleute [Ihre beiden Vor- und Nachnamen]

1. Für unsere 4-Zimmer-Eigentumswohnung an [Adresse der Liegenschaft] gelten die Regeln der einfachen Gesellschaft nach den Bestimmungen des Obligationenrechts (Art. 530 ff. OR).

2. Die Liegenschaft wurde folgendermassen finanziert [Finanzierung aufführen, zum Beispiel]:
   Fr. 200 000.– aus einem Vorerbe der Ehefrau
   Fr. 300 000.– aus vorehelichem Gut des Ehemanns
   Fr. 600 000.– Hypothek

3. Bei einem Verkauf der Liegenschaft oder bei der Übernahme derselben durch einen Ehegatten vereinbaren wir für die Verteilung eines allfälligen Gewinns oder Verlustes eine vom Gesetz abweichende Regelung: Der Gewinn oder Verlust wird entsprechend den geleisteten Beiträgen verteilt (also nicht hälftig, sondern proportional). Das gilt für die in Ziffer 2 oben erwähnten Beträge sowie für spätere wertvermehrende Investitionen und Amortisationen der Hypothek, die wir in einer separaten Aufzeichnung festhalten.

4. Stirbt ein Gesellschafter, geht sein Anteil an den überlebenden Gesellschafter, die überlebende Gesellschafterin. Sollten Pflichtteilserben ihren Anteil fordern, werden sie durch eine Geldzahlung abgefunden, die dem Liquidationsanteil des, der Verstorbenen nach obiger Regelung per Todestag entspricht.

[Ort, Datum]

[Unterschrift Ehefrau] [Unterschrift Ehemann]

BRIEF AN KESB ZUM WUNSCHVORMUND

[Vor- und Nachnamen Eltern]
[Adresse]

Kindes- und Erwachsenenschutzbehörde
[Adresse unter www.kokes.ch → Organisation → Organisation Kantone]

Sehr geehrte Damen und Herren

Wir, [Vor- und Nachname der Mutter] und [Vor- und Nachname des Vaters], wünschen, dass im Fall unseres Todes Frau/Herr [Name des Wunschvormunds], geboren am [Geburtsdatum], Bürger/-in von [Bürgerort], zur Vormundin/zum Vormund unserer Kinder, [Namen und Geburtsdaten der Kinder], ernannt wird. Unsere Kinder haben ein enges Verhältnis zu Frau/Herr [Name des Wunschvormunds]. Sie/Er geniesst unser volles Vertrauen.

Sollte Frau/Herr [Name des Wunschvormunds] nicht zur Vormundin/zum Vormund ernannt werden, wünschen wir, dass sie/er als Pflegemutter/Pflegevater die Obhut über unsere Kinder erhält, damit diese bei ihr/ihm aufwachsen können. Die aktuelle Wohnadresse von Frau/Herrn [Name des Wunschvormunds] lautet: [Adresse].

[Ort, Datum]

[Unterschrift Mutter]   [Unterschrift Vater]

NÜTZLICHE ADRESSEN

Adoption

PACH Pflege- und Adoptivkinder Schweiz
Pfingstweidstrasse 16
8005 Zürich
Tel. 044 205 50 40
https://pa-ch.ch

Anwaltssuche

Demokratische Juristinnen und Juristen
Schweiz DJS
Schwanengasse 9
3011 Bern
Tel. 078 617 87 17
www.djs-jds.ch
→ Anwält_innen
Liste der Mitglieder

Schweizerischer Anwaltsverband
Marktgasse 4
Postfach
3001 Bern
Tel. 031 313 06 06
www.sav-fsa.ch
→ Rechtsauskunft: Liste der kantonalen
Anwaltsverbände mit unentgeltlichen
Rechtsauskunftsstellen

www.getyourlawyer.ch
Anwaltsvermittlungsplattform

Ausländerinnen und Ausländer

Staatssekretariat für Migration SEM
Quellenweg 6
3003 Bern-Wabern
Tel. 058 465 11 11
www.sem.admin.ch
www.ch.ch

FIZ Fachstelle Frauenhandel und Frauen-
migration
Hohlstrasse 511
8048 Zürich
Tel. 044 436 90 00
www.fiz-info.ch

Frabina Beratungsstelle für Frauen und
Männer in binationalen Beziehungen
Kapellenstrasse 24
3011 Bern
Tel. 031 381 27 01
www.frabina.ch

Bundesprogramm Zwangsheiraten
bekämpfen
Anlauf- und Beratungsstellen:
www.gegen-zwangsheirat.ch

Interessengemeinschaft IG Binational
Postfach
8000 Zürich
www.ig-binational.ch

NÜTZLICHE ADRESSEN

Sans-Papiers
Anlauf- und Beratungsstellen:
www.sans-papiers.ch

MIRSAH
Beratungsstelle für Migrations- und Integrationsrecht
Wilhelmstrasse 10
8005 Zürich
Tel. 044 291 00 15
www.sah-zh.ch

Budgetberatung

Dachverband Budgetberatung Schweiz
6000 Luzern
www.budgetberatung.ch
Beratungsstellen
→ unter «Beratungsstellen in Ihrer Nähe» PLZ eingeben

Schuldenberatung Schweiz
www.schulden.ch
→ Adressen Beratungsstellen

Ehe- und Familienberatungsstellen

Adressen sind erhältlich bei der Wohngemeinde.

Eltern

Elternnotruf
Tel. 0848 35 45 55
www.elternnotruf.ch

Erziehungsberatung für Mitglieder des Beobachters: im Internet unter www.beobachte.ch/beratung oder telefonisch 043 444 54 08

Fachstelle UND
Familien- und Erwerbsarbeit für Männer und Frauen
Schipfe 7
8001 Zürich
Tel. 044 462 71 23
www.fachstelle-und.ch
Weitere Stellen in Bern, Luzern und Basel

Fachverband Sozialpädagogische Familienbegleitung Schweiz
c/o SpF plus
Würzenbachstrasse 62
6006 Luzern
Tel. 079 602 20 85
www.spf-fachverband.ch

Gleichgeschlechtliche Paare

Los
Lesbenorganisation Schweiz
Monbijoustrasse 73
3007 Bern
Tel. 079 727 40 97
www.los.ch

Pink Cross
Dachverband der schwulen und bi Männer
Monbijoustrasse 73
Postfach
3001 Bern
Tel. 031 372 33 00
www.pinkcross.ch

NÜTZLICHE ADRESSEN

Häusliche Gewalt: Opferhilfe, Täterhilfe

Dachorganisation der Frauenhäuser
Postfach 2309
3001 Bern
www.frauenhaus-schweiz.ch

Konferenz der Kantonalen Sozialdirektoren und Sozialdirektorinnen
www.opferhilfe-schweiz.ch
(Informationen zur Opferhilfe mit Adressen in den Kantonen)

Eidgenössisches Büro für die Gleichstellung von Mann und Frau
www.ebg.admin.ch (→ Dokumentation → Publikationen → Gewalt)

Agredis Gewaltberatung für Männer
Unterlachenstrasse 12
6005 Luzern
Tel. 078 744 88 88
www.agredis.ch

Mannebüro Züri
Hohlstrasse 36
8004 Zürich
Tel. 044 242 08 88
www.mannebuero.ch

Männerhaus Zwüschehalt
Bern: 031 552 08 70
www.zwueschehalt.ch

Kinderbetreuung

Schweizerischer Verband für schulische Tagesbetreuung
Limmatauweg 18g
5408 Ennetbaden
Tel. 056 222 06 63
www.bildung-betreuung.ch

Schweizerisches Rotes Kreuz
Kinderbetreuung zu Hause
Postfach
3001 Bern
Tel. 058 400 41 11
www.redcross.ch (→ Für Sie da → Kinderbetreuung zu Hause)

Verband Kinderbetreuung Schweiz
Josefstrasse 53
8005 Zürich
Tel. 044 212 24 44
www.kibesuisse.ch

Mediationsstellen

Schweizerischer Dachverband Mediation SDM
Postfach
3000 Bern
Tel. 031 398 22 22
www.mediation-ch.org

Schweizerischer Verein für Familienmediation
Burgunderstrasse 91
3018 Bern
031 556 30 05
www.familienmediation.ch

NÜTZLICHE ADRESSEN

Rechtsberatung

Beobachter-Beratungszentrum
Das Wissen und der Rat der Expertinnen und Experten in acht Fachbereichen steht den Mitgliedern des Beobachters im Internet und am Telefon zur Verfügung. Wer kein Abonnement der Zeitschrift oder von Guider hat, kann online oder am Telefon eines bestellen und erhält sofort Zugang zu den Dienstleistungen.
- www.guider.ch: Guider ist der digitale Berater des Beobachters mit vielen hilfreichen Antworten bei Rechtsfragen.
- Beratung am Telefon: Montag bis Freitag von 9 bis 13 Uhr. Direktnummern der Fachbereiche unter www.beobachter.ch/beratung (→ Telefon-Beratung)
- Kurzberatung per E-Mail: Link unter www.beobachter.ch/beratung (→ E-Mail-Beratung)

Die meisten Frauenzentralen in der Schweiz bieten kostengünstige Rechtsberatung an. Adressen: www.frauenzentrale.ch

Unentgeltliche oder kostengünstige Rechtsberatung bieten je nach Kanton auch die Gerichte, die Kirchgemeinden und die kantonalen Anwaltsverbände an.

Sozialversicherungen, Sozialhilfe

Bundesamt für Sozialversicherung
Effingerstrasse 20
3003 Bern
Tel. 058 462 90 11
www.bsv.admin.ch

Die Adressen der AHV-Ausgleichskassen finden sich unter
www.ahv-iv.ch (→ Kontakte)

Pro Senectute Schweiz
Lavaterstrasse 60
8027 Zürich
Tel. 044 283 89 89
www.pro-senectute.ch

Schweizerische Konferenz
für Sozialhilfe (SKOS)
Monbijoustrasse 22
3000 Bern 14
Tel. 031 326 19 19
www.skos.ch

Stiftung Auffangeinrichtung BVG
Elias-Canetti-Strasse 2
8050 Zürich
Tel. 041 799 75 75
www.chaeis.net

Vaterschaftstest

Institut für Rechtsmedizin
der Universität Zürich
Winterthurerstrasse 190, Bau 52
8057 Zürich
Tel. 044 635 56 11
www.irm.uzh.ch

Microsynth AG
Schützenstrasse 15
9436 Balgach
Tel. 071 726 10 00
www.vaterschafts-test.ch

NÜTZLICHE ADRESSEN

Versicherungsberatung

Fairsicherungsberatung
Holzikofenweg 22
3007 Bern
Tel. 031 378 10 10
www.fairsicherung.ch

Ombudsman der Privatversicherung und der SUVA
Postfach 1063
8024 Zürich
Tel. 044 211 30 90
www.ombudsman-assurance.ch

VZ VermögensZentrum
Beethovenstrasse 24
8002 Zürich
Tel. 044 207 27 27
www.vermoegenszentrum.ch

Auflösung Ehequiz

1. **Richtig ist Antwort b.** Sie müssen gar nichts unternehmen. Eheleute haften nie für die vorehelichen Schulden des Partners.

2. **Richtig ist Antwort a.** Ihre Frau muss Ihnen jederzeit Auskunft geben – und umgekehrt. Das gilt punkto Einkommen, Vermögen und Schulden.

3. **Richtig ist Antwort b.** Im Streitfall bestimmt das Gericht, wer während der Trennung in der Familienwohnung bleiben darf. Die Eigentumsverhältnisse spielen keine Rolle.

4. **Richtig ist Antwort c.** Wenn die beiden in einer vom US-Bundesstaat Nevada anerkannten Hochzeitskapelle heiraten, wovon es in Las Vegas einige gibt, würden sie auch nach Schweizer Recht als verheiratet gelten.

5. **Richtig ist Antwort a.** Den Pflichtteil der Tochter können Sie mit einem Ehevertrag legal umgehen. Das klappt aber nur gegenüber gemeinsamen Kindern und nur für Vermögen, das wie in Ihrem Fall zur Errungenschaft gehört.

6. **Richtig ist Antwort c.** Sie können eine vorsorgliche Scheidungskonvention ausarbeiten und darin die Teilung der Pensionskassenguthaben ausschliessen. Sie haben aber keine Garantie, dass das Scheidungsgericht den Verzicht später bei der Scheidung wirklich zulässt.

7. **Richtig ist Antwort b.** Seit 2013 sind die Eheleute gleichberechtigt: Sie können deshalb entweder beide ihren bisherigen Namen behalten oder einen gemeinsamen Familiennamen wählen.

8. **Richtig ist Antwort b.** Der Erbvorbezug gilt güterrechtlich als Eigengut. Ihre Tochter müsste ihn deshalb bei einer Scheidung nicht mit dem Ehemann teilen.

9. **Richtig ist Antwort c.** Es gibt keine gesetzlichen Vorgaben. Das Zivilgesetzbuch überlässt es den Eheleuten, eine gerechte Lösung zu finden. Unterstützung erhalten Sie bei der Budgetberatung Schweiz oder im Streitfall durch das Gericht.

10. **Richtig ist Antwort c.** Diese unsinnige Bestimmung wurde per 1. Januar 2018 aus dem Gesetz gestrichen. Seither ist die Adoption von Erwachsenen nicht mehr nur Kinderlosen erlaubt.

BEOBACHTER-RATGEBER

Baumgartner, Gabriela: **Clever mit Geld umgehen.** Budget, Sparen, Wege aus der Schuldenfalle. 3. Auflage, Beobachter-Edition, Zürich 2019

Bendel, Josef; Fux, Caroline: **Das Paar-Date.** Miteinander über alles reden. 5. Auflage, Beobachter-Edition, Zürich 2021

Bräunlich Keller, Irmtraud: **Mutter werden – berufstätig bleiben.** Möglichkeiten – Rechte – Lösungen. Beobachter-Edition, Zürich 2019

Brot, Iwan; Müller, Martin; Schiesser, Fritz: **Mit der Pensionierung rechnen.** Die finanzielle Vorsorge umfassend planen. Beobachter-Edition, Zürich 2021

Bucher, Michael; Mettler, Simon: **Faire Scheidung.** Gute Lösungen für alle Beteiligten. Beobachter-Edition, Zürich 2021

Fux, Caroline; Schweizer, Ines: **Guter Sex.** Ein Ratgeber, der Lust macht. 4. Auflage, Beobachter-Edition, Zürich 2017

Haas, Esther; Wirz, Toni: **Mediation – Konflikte besser lösen.** 5. Auflage, Beobachter-Edition, Zürich 2016

Noser, Walter: **Alles über die KESB.** Rechte und Pflichten gegenüber der Kindes- und Erwachsenenschutzbehörde. Beobachter-Edition, Zürich 2020

Rimle, Cornel: **Beziehungskrise meistern!** Trennen oder bleiben? Beobachter-Edition, Zürich 2020

Studer, Benno: **Testament, Erbschaft.** Wie Sie klare und faire Verhältnisse schaffen. 17. Auflage, Beobachter-Edition, Zürich 2017

Trachsel, Daniel: **Trennung.** Was Paare in der Krise regeln müssen. 5. Auflage, Beobachter-Edition, Zürich 2018

Von Flüe, Karin: **Letzte Dinge regeln.** Fürs Lebensende vorsorgen – mit Todesfällen umgehen. 5. Auflage, Beobachter-Edition, Zürich 2018

Von Flüe, Karin: **Paare ohne Trauschein.** Was sie beim Zusammenleben regeln müssen. 9. Auflage, Beobachter-Edition, Zürich 2019

Von Flüe, Karin; Strub, Patrick; Noser, Walter; Spinatsch, Hanneke: **ZGB für den Alltag.** Kommentierte Ausgabe aus der Beobachter-Beratungspraxis, 15. Auflage, Beobachter-Edition, Zürich 2019

Von Flüe, Karin; Zeugin, Käthi: **Im Todesfall.** Der komplette Ratgeber für Angehörige. Beobachter-Edition, Zürich 2018

Zanoni, Sarah: **Motivierte Kinder.** Tipps und Ideen zum Spielen, Lernen und Zusammenleben. 3. Auflage, Beobachter-Edition, Zürich 2012

Zeugin, Käthi: **Ich bestimme. Mein komplettes Vorsorgedossier.** 5. Auflage, Beobachter-Edition, Zürich 2020